"一带一路"国家知识产权法律译丛

(第一辑)

重庆知识产权保护协同创新中心
西南政法大学知识产权研究中心 / 组织翻译

"YIDAIYILU" GUOJIA
ZHISHICHANQUAN FALÜ YICONG

知识产权出版社
全国百佳图书出版单位

图书在版编目（CIP）数据

"一带一路"国家知识产权法律译丛. 第一辑/重庆知识产权保护协同创新中心，西南政法大学知识产权研究中心组织翻译. —北京：知识产权出版社，2018.10
ISBN 978-7-5130-5898-8

Ⅰ.①一⋯ Ⅱ.①重⋯ ②西⋯ Ⅲ.①知识产权法—汇编—世界 Ⅳ.①D913

中国版本图书馆CIP数据核字（2018）第230058号

内容提要

本书收录了"一带一路"沿线地处欧洲的捷克、希腊、匈牙利、罗马尼亚四个国家相关的专利（或发明专利保护）法、发明和合理化建议法、实用新型及外观设计保护法等法律文本的中文翻译，可以为研究以上国家知识产权法律的知识产权从业人员提供参考。

责任编辑：可 为　　　　　　责任校对：潘凤越
装帧设计：棋 锋　　　　　　责任印制：孙婷婷

"一带一路"国家知识产权法律译丛（第一辑）

重庆知识产权保护协同创新中心
　　　　　　　　　　　　　　　组织翻译
西南政法大学知识产权研究中心

出版发行：知识产权出版社有限责任公司	网　址：http://www.ipph.cn
社　址：北京市海淀区气象路50号院	邮　编：100081
责编电话：010-82000860 转 8335	责编邮箱：kewei@cnipr.com
发行电话：010-82000860 转 8101/8102	发行传真：010-82000893/82005070/82000270
印　刷：北京建宏印刷有限公司	经　销：各大网上书店、新华书店及相关专业书店
开　本：720mm×1000mm 1/16	印　张：14.75
版　次：2018年10月第1版	印　次：2018年10月第1次印刷
字　数：252千字	定　价：66.00元
ISBN 978-7-5130-5898-8	

出版权专有　侵权必究
如有印装质量问题，本社负责调换。

翻译团队

译者（以章节为序）

张惠彬　廖志刚　秦　洁　郑　重

邓思迪　刘诗蕾　刘天松　黄安娜

审校　牛奔林　易健雄

序　言

自国家顶层于 2013 年提出"一带一路"倡议以来，我国已与 100 多个国家和国际组织签署了共建"一带一路"的合作文件。"一带一路"的核心理念已被纳入联合国、二十国集团、亚太经合组织、上合组织等诸多重要国际机制的成果文件，成为凝聚国际合作共识、持续共同发展的重要思想。五年来，国际社会业已形成共建"一带一路"的良好氛围，我国也在基础设施互联互通、经贸领域投资合作、金融服务、人文交流等各项"一带一路"建设方面取得显著成效。国家也号召社会各界对"一带一路"沿线各国的基本状况、风土人情、法律制度等多加介绍，以便更好地了解"一带一路"沿线各国，也为投资、合作等提供参考。

在此背景下，重庆知识产权保护协同创新中心与西南政法大学知识产权研究中心响应国家号召，结合自身的专业特长，于 2017 年 7 月启动了"一带一路"沿线国家知识产权法律制度的翻译计划。该计划拟分期分批译介"一带一路"国家的专利法、商标法、版权法等各项知识产权法律制度。经统筹规划，中心决定先译介"一带一路"各国的专利法律制度，且不做"锦上添花"之举，只行"雪中送炭"之事，即参考与中国的经贸往来、人文交流的密切程度，优先译介尚未翻译成中文出版的"一带一路"沿线国家的专利法律制度，以填补国内此类翻译的空白。确定翻译方向后，中心即选取了欧洲、亚洲、大洋洲的十个国家的专利法作为第一期的翻译对象。经历初译、校对、审稿、最终统校等多道程序后，第一期的翻译工作终于完成，译稿得分两辑出版。

众所周知,法条翻译并非易事。尽管译校者沥尽心血,力求在准确把握原意的基础上,以符合汉语表达习惯的方式表述出来,但囿于能力、时间等各方面因素,最终的译文恐仍难完全令人满意,错漏之处在所难免。在此恳请读者、专家批评指正。无论如何,必须向参与此次译丛工作的师生表示衷心的感谢。按照章节国别顺序对译者记录如下:张惠彬、邓思迪、刘诗蕾(捷克),廖志刚(希腊),秦洁、刘天松(匈牙利),郑重、黄安娜(罗马尼亚),田晓玲(哈萨克斯坦),康添雄、武子锋(以色列),马海生、蒋茂华(巴基斯坦),王广震(斯里兰卡),牟萍、张梦瑶(马来西亚),曹伟(澳大利亚)。另,蒋月婷、王燕、廖晓莉、云晓瑜、陈梦如同学也提供了文字校对等辅助性服务。尤其感谢牛奔林老师为此次译稿统校所付出的辛勤努力!此外,易健雄老师承担了此次翻译的主要组织工作,并为译稿作了最后的审校。最后,感谢知识产权出版社的大力支持,使译稿得以出版。

此次对"一带一路"国家专利法的译介,颇有"试水"的意味,后续译介将视情况适时推出。唯愿对"一带一路"国家知识产权法律制度的译介能为"一带一路"的建设稍尽绵薄之力,也好在国家建设中实现我们的专业价值。

重庆知识产权保护协同创新中心
西南政法大学知识产权研究中心
2018 年 8 月 15 日

目 录

欧 洲

捷克发明和合理化建议法 …………………………………… 3

希腊技术转移、发明和技术创新法 …………………………… 30

匈牙利发明专利保护法 ………………………………………… 51

匈牙利实用新型保护法 ………………………………………… 153

匈牙利外观设计保护法 ………………………………………… 165

罗马尼亚专利法 ………………………………………………… 197

欧 洲

捷克发明和合理化建议法[1]

张惠彬[*] 邓思迪[**] 刘诗蕾[***] 译

第 1 条 立法目的
本法目的在于调整源自创造和实施发明和合理化建议的权利和义务。

第一部分 发 明

第一章 发明专利

第 2 条
工业产权局应当对符合本法规定的发明授予专利。

第 3 条 发明的可专利性
（1）授予专利权的发明，应当具备新颖性、创造性且能作工业应用。
（2）特别指明，下列事项不得视为发明：
（a）发现、科学理论和数学方法；

---

[1] 本法根据世界知识产权组织（WIPO）英文版本翻译，同时参照了捷克专利法英文版本。——译者注

[*] 译者简介：西南政法大学知识产权学院副教授，硕士生导师。
[**] 译者简介：西南政法大学知识产权法学博士研究生。
[***] 译者简介：西南政法大学知识产权法学硕士研究生。

(b) 美学创造；

(c) 进行智力活动、游戏、商业活动或者计算机程序的方案、规则和方法；

(d) 信息的呈示。

(3) 本条第（2）款提及的客体或活动的可专利性，仅在该申请或发明与所提及的客体或活动有关的范围内排除其可专利性。

(4) 通过外科手术或治疗以医治人体或者动物身体的方法，以及施行于人体或者动物身体的诊断方法，不得视为本条第（1）款所指的可应用于工业生产的发明。

在医疗方法或者诊断方法中所使用的产品，特别是物质或合成物，不适用本条。

第4条 可专利性的除外情况

专利不得授予：

(a) 违反公共秩序或者道德的发明创造；不得仅由于法律禁止实施该发明而得出该事实结论。

(b) 动物或植物品种，以及用于生产动物或植物的本质为生物学的方法；本款不适用于微生物方法及其产品。

第5条 新颖性

(1) 发明不构成现有技术一部分的，视为具有新颖性。

(2) 现有技术，需视为在申请人优先权日（参照本法第27条）前，通过书面声明、口头说明、实际使用或者其他方式，以公开形式向公众公布的技术方案。

(3) 现有技术，还应包括在捷克共和国境内享有优先权的专利申请的内容，或者在申请人优先权日（参照本法第31条）前已公开的专利申请的内容。

本规定亦适用于以本工业产权局为指定局且具有优先权的国际发明申请，以及以捷克共和国为有效指定国家且具有优先权的欧洲专利申请（参照本法第35A条）。

发明申请根据特别规定获得保密许可的，视为在优先权日前十八个月内公布。

（4）本条第（1）至（3）款规定不得排除本法第3（4）条所提及的方法中所使用的物质或者合成物的可专利性，但其在此方法中的使用不构成现有技术。

（5）在提交专利申请前六个月内，由于下列原因产生或者因下列原因导致发明信息被披露的，不应视为现有技术的一部分：

（a）就申请人或者其合法的原始权利人而言，对该项发明存在明显滥用的；

（b）根据申请人或者其合法的原始权利人在官方举办或者官方认可的，属于相关国际条约所规定的国际展览中展示了该发明的。

在该情况下，应由申请人在提交申请时声明已展出发明，并自提交申请之日起四个月期间内提出证明书证明展出发明符合国际条约的规定以支持其声明。

第6条 创造性

（1）与现有技术相比，发明对该领域的熟练技术人员而言并非显而易见的，该发明视为具有创造性。

（2）对创造性进行评估时，不应在申请人优先权开始当日（参照本法第31条）才公布的申请内容。

第7条 工业应用

发明的客体可在任何工业、农业或者其他经济领域中制造或者使用的，视为该发明适用于工业应用。

第8条 专利权

(1) 专利权属于发明人或者其所有权继承人。

(2) 发明人是指通过自身创造活动完成发明的人。

(3) 参与创造活动的共同发明人应当按份享有专利权。

◆ 属于企业的发明

第9条

（1）发明人是组织内部人员或者有其他类似雇佣关系（以下称"雇佣关系"）的，其发明创造活动系雇佣关系中工作任务的一部分的，除合同另有

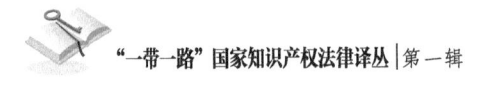

规定外，专利权应转移至雇主。

发明人的其他权利不受影响。

（2）发明人在其雇佣关系范围内创造发明的，应当以书面形式及时向雇主报告，并向雇主说明评估发明所需要的文件。

（3）雇主在收到本条第（2）款所述说明后，三个月内未主张专利权的，专利权应复归于发明人。

雇主和雇员均应就发明内容对第三方保密。

（4）雇主主张专利权的，根据雇佣关系创造发明的任何发明人有权向雇主要求适当报酬。

为准确评估报酬数额，可以从该发明的技术和经济重要性、可能实施或者其他使用所产生的利益，以及雇主对发明活动的实质性贡献及发明人的任职义务等方面进行考量。

已缴纳的报酬，明显与发明的实施或者后续使用所获得的利益不成比例的，发明人有权获得额外的报酬。

第 10 条

发明人与雇主之间雇佣关系的终止不影响源自本法第 9 条规定的权利和义务。

◆ **专利的效力**

第 11 条

（1）专利所有人（参照本法第 34 条）享有使用发明、授权他人使用发明或者向他人转让发明的独占权。

（2）专利自工业产权局官方公报（以下称"官方公报"）公告授权之日起生效。

（3）自申请公告之日（参照本法第 31 条）起，申请人有权向使用其发明申请客体的任何人收取合理报酬。

获得合理报酬的权利可自专利生效之日起主张。

（4）申请人在捷克共和国提交国际专利申请，并根据相关国际条约公开的，需要将专利申请文件翻译成捷克语公开（参照本法第 31 条）后，方有权根据本条第（3）款之规定获得合理报酬。

第 12 条

（1）专利或者专利申请授予的保护范围应当由其权利要求确定。

对于权利要求的解释，应当使用说明书和附图。

（2）在授予专利前，专利申请授予的保护范围应当由根据本法第 31 条公开的申请中所含的专利权利要求的条款予以确定。

但是，专利已授权或者根据本法第 23 条撤销程序进行修改的，专利应当追溯确定发明申请授予的保护范围，只要其保护范围未因此而扩张。

第 13 条　直接使用的禁止

未经专利所有人同意，任何人不得：

（a）制造、提供、投放市场或者使用属于专利客体的产品，或者为此目的进口或者存储产品，或者以其他方式进行处置。

（b）使用或者提供他人使用属于专利客体的方法。

（c）提供、投放市场、使用或者为此目的进口或存储从作为专利客体的方法所直接获得的产品；当产品极有可能通过作为专利客体的方法获得且尽管专利权人已尽合理努力仍无法确定真正使用的方法的，相同产品应被视为通过作为专利客体的方法获得，但证明存在相反情况的除外。

证明存在相反情况的，应当尊重商业秘密保护所赋予的权利。

第 13A 条　禁止间接使用

（1）未经专利所有人同意，任何人不得向除获授权使用专利发明的人以外的其他人提供或者要约提供与该发明的重要因素有关的媒介，以令该项发明发挥效用，而在有关情况下，明显的是所述媒介是适合的且是意图用以使该项发明专利发挥效用的。

（2）如果该媒介是在市场上普遍存在的产品，则不适用于本条第（1）款规定，但第三人诱使购买人实施本法第 13 条禁止行为的除外。

（3）实施本法第 18（c）至（e）条所述活动的人，不得被视为本条第（1）款所指的获授权使用发明的人。

第 13B 条　权利用尽

专利产品由专利权人或者经其同意在捷克共和国投放市场的，专利权人

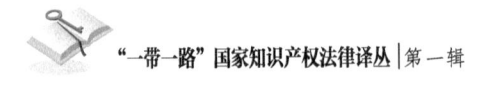

无权禁止第三人处分该产品，除非存在使专利权延伸至上述活动的原因。

第 14 条

（1）授权实施受专利保护的发明（许可），应当订立书面合同（以下称"许可合同"）。

（2）自许可合同在专利登记簿（参照本法第 69 条）登记后，许可合同对第三人发生效力。

第 15 条

专利的转让应当以书面合同的形式进行，自其在专利登记簿登记后，该合同对第三人发生效力。

第 16 条 专利共有人

（1）源自一项专利的多项权利属于多人的（以下称"共同所有人"），共同所有人之间的关系根据有关共同所有权份额的一般规则进行调整。

（2）除非共同所有人另行约定，各共同所有人均有权实施发明。

（3）除非另行约定，许可合同的订立应当取得全体共同所有人同意；对于侵犯专利权的行为，各共同所有人可单独采取行动。

（4）专利转让应经所有共同所有人同意。

未经其他共同所有人同意，各共同拥有人只可将其份额转让给另一共同所有人；向第三方进行转让的，只有当共同所有人未在一个月期间内对书面转让要约表示承诺时方可进行该转让。

◆ **专利效力的限制**

第 17 条

（1）对于能够证明在优先权日（参照本法第 27 条）前已独立于发明人或专利所有人实施发明或已为此进行准备的人（以下称"在先使用人"），专利对其不发生效力。

（2）未达成协议的，在先使用人有权要求法院裁定专利权人认可其权利。

第 18 条

以下对受保护发明的使用，不视为对专利所有人权利的侵犯：

（a）在捷克共和国缔结的《保护工业产权巴黎公约》（以下称《巴黎公约》）的其他缔约国的船舶暂时或者偶然地进入捷克共和国时，在船舶的船体、机械、船具、装备及其他附件上的使用，但以专为该船的需要而进行使用为限；

（b）本联盟其他国家的飞机或者陆地车辆暂时或者偶然地进入捷克共和国时，在该飞机或者陆地车辆的构造或者运行中使用；

（c）根据医生处方在药房内单独制备药物，包括与所制备药物相关的行为；

（d）非商业目的实施的行为；

（e）为了实验目的而进行的与发明客体相关的行为。

第19条 许可要约

（1）若专利申请人或者专利权人向专利局声明，其准备向任何人要约提供实施发明的权利（许可要约）的，接受许可要约并将该事实书面告知申请人或所有人的任何人有权实施该发明。

专利局应当将许可要约登记在专利登记簿中。

（2）许可要约的声明不得撤销。

（3）一人有权实施发明的事实不得损害专利所有人针对许可价值获得合理补偿的权利。

（4）专利所有人根据本条第（1）款发出许可要约的，相关法律规定的维持专利的管理费应减半。

第20条 强制许可

（1）专利所有人无正当理由不实施或者未充分实施发明，或者拒绝接受条款合理的许可协议要约的，经申请人正当请求，专利局可授予使用发明的非独占性权利（"强制许可"）；自发明申请提交之日起四年，或者自授予专利之日起三年，以较迟届满者为准，不得授予强制许可。

（2）重大公共利益面临危险的，亦可授予强制许可。

（3）考虑案件具体情况，专利局应针对授予强制许可确定强制许可的条件、范围和期间。

授予强制许可主要用于国内市场的供应。

（4）企业主基于强制许可而使用发明的（以下称"强制许可持有人"），该强制许可仅在企业转让之内或者作为企业转让之一部分的情形，方得让与他人。

(5) 强制许可持有人可以在强制许可期限内通知专利局，放弃使用发明的权利；自通知送达之日起，授予强制许可的决定失效。

(6) 若专利所有人能够证明授予强制许可的条件已改变且不太可能再次发生，或者强制许可持有人在一年内未实施强制许可的，或者强制许可持有人不实施授予强制许可所确定的条件的，经专利所有人申请，专利局应撤销强制许可或者变更强制许可的条件、范围或者期限。

(7) 授予强制许可不得影响专利所有人获得专利价值补偿的权利。

相关各方针对许可价值未达成一致的，由法院应要求在考虑相关技术领域专利的重要性和许可合同价值后予以确定。

(8) 强制许可应登记于专利登记簿（参照本法第 69 条）。

第 21 条 专利期限

(1) 专利期限为二十年，自发明申请提交之日起算。

(2) 专利所有人为维持专利效力，应当按照特别规定缴纳专利年费。

(3) 专利年费缴纳期满后，若第三人善意使用专利发明或者在对专利发明的使用作真实、有效的准备时，第三人有权不受专利年费给付期限的影响。

第 22 条 专利失效

专利于下列情况下失效：

(a) 有效期届满。

(b) 专利所有人未按相关规定及时缴纳专利年费。

(c) 专利所有权人以书面声明放弃其专利权；在此情况下，自专利局收到专利权人声明之日起，专利有效期终止。

第 23 条 专利撤销

(1) 专利局随后确定发生以下任一情况的，应当撤销专利：

(a) 发明不符合可专利性条件的；

(b) 发明未在专利申请书中清楚、完全地公开，以致本技术领域内的技术人员无法实施该专利的；

(c) 专利客体超出发明申请所提交的内容，或者分案申请授予专利的客体超出专利申请所提交的内容，或者源自专利的保护范围被扩大的；

（d）应获授权人请求撤销的（参照本法第29条）。

（2）撤销理由仅涉及专利一部分的，专利应部分撤销。

专利的部分撤销应通过修改权利要求书、说明书或者附图的方式进行。

（3）专利撤销的效力应追溯至专利生效之日。

（4）请求人能够证明其合法利益的，其可在专利失效后提出专利撤销的请求。

第二章 专利授予程序

◆ 发明申请

第24条

（1）向专利局提交专利申请后，专利授予程序开始。

（2）专利局是捷克共和国的自然人和法人以及在捷克共和国领土上有居所或者设立业务机构的其他自然人和法人可向其提交国际申请的机构。

（3）专利局是根据1973年10月5日在慕尼黑缔结的《欧洲专利授权公约》（以下称《欧洲专利公约》）可向其提交欧洲专利申请的机构。本款不适用于欧洲专利分案申请。

（4）欧洲专利申请或者国际申请中包含了根据相关法规需保密的事项的，申请人在向专利局提交申请时，应同时提交国家安全局的批准文件。

（5）根据本条第（1）或（2）款提交申请的，应当按照相关制定法规定缴纳管理费；根据本条第（2）款提交专利国际申请的，应当针对发明申请国际程序进一步缴纳根据相关国际条约规定的费用，专利局应在官方公报中公布上述费用表。

第25条

（1）应在申请中指出发明人的姓名。

（2）应发明人请求，专利局不得在公开的申请书或者专利授予公告中指出发明人的姓名。

第26条

（1）一份专利申请应仅涉及一项发明，或者相互联系属于一个总的发明构思的一组发明。

在同一份专利申请中主张一组发明的,如果该等发明在技术上相互关联,且包含一个或者多个相同或相应的特定技术特征,则符合发明的单一性要求。

"特定技术特征",指每一项发明作为整体对现有技术作出贡献的技术特征。

(2) 在发明申请中,发明应当以足够清晰、完整的形式公开,以确保该领域的熟练技术人员可予以实施。

发明若涉及生产用途的工业微生物的,自申请人优先权开始之日起,微生物应当保存公开副本。

(3) 如有疑问,专利局可要求申请人提交申请的客体或者以其他适当的方式,提出发明符合申请要求的证据。

申请人无法提供该证据的,该申请客体应视作不符合申请要求。

第27条

(1) 申请人的优先权应自提交申请之日开始。

(2) 依《巴黎公约》授予的优先权必须由申请人在其向专利局提交的专利申请中提出,申请人须在规定的期限内提交优先权证明,否则不考虑其优先权。

(3) 发明申请已在《巴黎公约》的缔约国或者世界贸易组织成员提交的,可以主张本条第(2)款项下的优先权。

首次提出发明申请的国家既不是《巴黎公约》缔约国也不是世界贸易组织成员的,只可根据互惠条件授予优先权。

第28条

(1) 有关专利权的法律程序已向主管机关提交的,专利局应当暂停与该申请相关的程序。

(2) 除本法第31(1)条规定的期限外,申请程序暂停的,本法规定的其他期限也应当暂停。

(3) 自专利权裁决之日起三个月内,合法申请人要求继续专利申请的,应当维持优先权。

在暂停程序前,为授予专利而实施的行为,在程序继续后仍同样视为有效。

第 29 条

（1）专利局应当根据法院作出的裁决，将发明申请或者专利转让给发明人。

（2）有权针对专利权进行法律程序的主管机关裁决该权利属于他人的，专利局应当将专利申请人或者专利所有人的姓名替换为该他人。

◆ **发明申请的初步审查**

第 30 条

（1）所有发明申请均须经专利局进行初步审查，以认定：

（a）申请内容是否违反本法第 3（1）条或者第 26（2）条的规定；

（b）申请是否含有根据第 191/1995 Coll. 号法律公布的《建立世界贸易组织协定》第 3（2）条或者第 4 条规定所指的要素；

（c）申请是否含有构成禁止披露的不足；

（d）申请人是否已缴纳相应的管理费。

（2）发明含有违反本法第 3（1）条或者第 26（2）条规定的要素，或者第 3（2）条或者第 4 条规定所指要素的，专利局应当驳回发明申请。

在驳回发明申请前，应当给予申请人针对决定所依据的文件作出说明的机会。

（3）专利申请含有构成禁止公开的要素，或者申请人未缴纳相应管理费的，专利局应当要求申请人在规定期限内提交意见并弥补不足。

（4）申请人未能弥补专利申请中构成禁止公开的不足，或者未能在规定的期限内缴纳相应管理费的，专利局应当终止程序。

应提请申请人注意该结果。

第 31 条

（1）专利局应当自优先权开始之日起十八个月期间届满时公开发明申请，并在官方公报中公布。

（2）自优先权开始之日起十二个月内，经申请人申请并缴纳相关法规规定的管理费后，可在本条第（1）款规定期限届满前，公开专利申请。

已授予发明专利的，专利局应当在本条第（1）款规定期限届满前公开该发明专利。

但专利局未经专利所有人同意，不得自优先权开始之日起十二个月内公开申请。

（3）专利局可将与申请主张的发明相关的现有技术报告（检索报告）与发明申请一同公开。

第 32 条

（1）发明申请公开后，任何人可就客体的专利性提出意见；专利局在对申请进行全面审查时，应当考虑该等意见。

（2）根据本条第（1）款提交意见的人不得为与专利申请程序相关的主体。

但应当将提交的意见告知申请人。

◆ **发明申请的全面审查**

第 33 条

（1）专利局应当对发明申请进行全面审查，以确保符合本法规定的专利授予条件。

（2）专利申请的全面审查应当由专利局依申请人或者相关主体请求，或者依职权进行。全面审查的请求应当自发明申请提交之日起三十六个月内提交，且不得撤销。

（3）申请人在提交申请时，应当按照相关制定法的规定缴纳管理费。

（4）专利局应当在提交请求后立即进行全面审查。

（5）在本条第（3）款规定期间内，未妥为提交发明申请全面审查请求的，或者专利局未依职权进行审查的，专利局应当终止申请相关程序。

第 34 条

（1）申请不符合专利授予条件的，专利局应当驳回该发明申请。

在驳回前，对可能导致申请被驳回的问题，应当向申请人提供针对申请作出决定所依据的文件提交说明的机会。

（2）申请人未在规定期间内弥补构成禁止授予专利的瑕疵的，专利局应当终止申请相关程序。

应当提请申请人注意在规定期间内未遵守相关规定的后果。

（3）发明申请客体符合规定条件，且申请人已缴纳相关制定法规定的费用的，专利局应当向申请人授予专利，申请人由此成为专利所有人。

专利局应当向专利所有人签发提及发明人姓名的专利授权通知书，发明说明书和权利要求书应当构成专利授权通知书的一部分，专利授权通知书应当在官方公报中公布。

第 35 条

针对相同客体提交一份以上发明申请的，只能授予一项专利。

第三章 欧洲专利申请与欧洲专利

第 35A 条

（1）对捷克共和国具有效力且已予设定提交日期的欧洲专利申请（以下称"欧洲专利申请"），与根据本法第 24 条在相同日期提交的发明申请，在捷克共和国具有相同效力。

欧洲专利申请在提交欧洲专利申请日前享有优先权的，该申请享有优先权。

（2）欧洲专利申请被撤回或者被视为撤回的，其应当与本法第 64（2）条关于发明申请的终止程序的效力相同。

欧洲专利申请被驳回的，其应当与本法第 34（1）条规定的专利申请驳回具有同等效力。

（3）欧洲专利局针对欧洲专利申请的申请人或者捷克共和国境内生效的欧洲专利所有人恢复专利权的（以下称"欧洲专利"），亦应当适用于捷克共和国。

（4）欧洲专利申请已经由欧洲专利局公布的，申请人提交专利权利要求书的捷克语翻译申请且根据特别规章缴纳翻译费的，专利局应当向公众公布翻译文本，并在官方公报中公布该事实。

若欧洲专利局授予的专利在捷克共和国有效（参照本法第 35C 条），申请人可依据本法第 11（3）条要求合理赔偿。

（5）根据在欧洲专利局进行欧洲专利申请所使用的欧洲专利的措辞确定欧洲专利申请的内容，对于解释欧洲专利申请所授予保护的范围具有决定性；欧洲专利授予的保护范围大于公布的欧洲专利申请所授予的范围的，仅可授予公布的欧洲专利申请和已授予的欧洲专利均授予的范围。

根据本条第（4）款提出专利权利要求的翻译不符合权利要求在申请程序语言中的措辞的，欧洲专利申请所赋予的保护范围只能以捷克语翻译所确定的范围为准。

（6）申请人向专利局提交经改正的专利权利要求的捷克语翻译的，自改正文本于官方公报公布之日起，改正后的翻译应取代原始翻译发生效力；申请人应当根据特别条例针对公布缴纳管理费。

第三人已善意使用欧洲专利申请的客体或者为此进行认真有效准备，但根据申请人提交的翻译不在其保护范围内的，该第三人的权利不因提交新翻译而受到影响。

第 35B 条　欧洲专利申请转国家申请

（1）根据欧洲专利申请人的请求，专利局应当根据《欧洲专利公约》第 136（2）条之规定，开始针对国家申请的程序。

（2）专利局根据本条第（1）款收到申请的，应当要求申请人在三个月内提交三份欧洲专利申请的捷克语翻译文本，并缴纳申请费。

（3）申请人符合本条第（2）款规定的条件，且专利局自优先权日起二十个月内收到欧洲专利申请的转换请求的，专利局应赋予国内申请源自所提交的欧洲专利申请的优先权。

（4）根据按照本条第（1）款提出欧洲专利申请的申请人请求，专利局应当根据特别条例将欧洲专利申请作为国内实用新型申请进行处理。

第 35C 条　欧洲专利的效力

（1）欧洲专利局授予的专利，应与根据本法第 34（3）条授予的专利具有同等效力。

（2）自欧洲专利授权公告于欧洲专利公报之日起，该欧洲专利在捷克共和国境内生效；专利所有人应当自公告之日起三个月内向专利局提交专利说明书的捷克语翻译文本，并根据特别法律规定缴纳公告的管理费。

同时，欧洲专利所有人应当向捷克共和国提交可送达专利相关正式通知的地址。

专利局应在官方公报中公告欧洲专利的授予及欧洲专利说明书的捷克语翻译文本。

（3）未在本条第（2）款规定期限内提交欧洲专利说明书的捷克语翻译

文本的，欧洲专利的所有人可在三个月宽限期内提交，但其应根据特别规定缴纳管理费。

（4）未在本条第（3）款规定宽限期内提交欧洲专利说明书的捷克语翻译文本的，应视为欧洲专利在捷克共和国境内自始无效。

（5）欧洲专利授予在欧洲专利公报公告后，专利局应当将该欧洲专利登记于捷克共和国欧洲专利登记簿，登记的数据为欧洲专利登记簿中记录的数据。

第 35D 条　欧洲专利的保护范围

（1）欧洲专利文本的语言是在欧洲专利局进行程序所使用的语言，其对于确定欧洲专利赋予保护的范围具有决定性；但是，根据本法第 35C（2）条向专利局提交的专利说明书的翻译文本所赋予的保护范围小于程序语言赋予的范围的，第三方可参考翻译文本。

（2）欧洲专利所有人有权向专利局提交欧洲专利说明书的捷克语改正译文。

自专利局公告改正译文后，改正译文应当替代原始译文发生效力；欧洲专利所有人应当根据特别规定缴纳公告费。

（3）译文虽不为欧洲专利的保护范围所涵盖，但在专利局公布改正译文之前有效，而第三人又依据该译文，在捷克共和国境内已善意使用专利客体或者已为此进行了认真而有效之准备的，该第三人的权利不因改正译文的公布而受到影响。

第 35E 条　禁止同时保护

（1）已针对发明授予国家专利的，若对同一专利的同一专利所有人或者所有权继承人又授予了欧洲专利，自欧洲专利异议期限届满（而未提出异议）之日起，或者在欧洲专利异议程序中被裁定为维持该欧洲专利的，国家专利与欧洲专利内容相同的部分，应停止有效。

（2）欧洲专利异议期限届满而未提出异议的，或者在欧洲专利异议程序中被裁定为维持该欧洲专利的，若该欧洲专利与国家专利内容相同，则该国家专利不得根据本法第 11（2）条的规定发生效力。

本条第（1）和（2）款的规定不受根据本法第 35F（5）条撤销欧洲专利的影响。

第 35F 条 欧洲专利的撤销

（1）欧洲专利局撤销或者以经变更的方式维持欧洲专利的，该决定在捷克共和国境内有效。

（2）根据本条第（1）款撤销或者以经变更的方式维持欧洲专利的，专利局应当公告于官方公报。

（3）在欧洲专利局异议程序中以经变更的文本维持欧洲专利的，自欧洲官方公报公告变更文本后三个月内，该欧洲专利所有人应当向专利局提交译为捷克语的专利说明书变更文本，并缴纳公告费。

专利局应当在官方公报中公告以经变更文本维持欧洲专利的决定，且公布变更后专利说明书的译本。

（4）未在本条第（3）款限定期限内提交欧洲专利变更后的捷克语译本的，该欧洲专利应当视为在捷克共和国境内自始无效。

（5）在异议程序规定期限内未提出异议的，或者在异议程序中未被撤销的，该欧洲专利可由专利局依本法第 23 条提出撤销；欧洲专利局尚未裁决涉及相同客体的异议程序的，专利局应当暂停该欧洲专利的撤销程序。

欧洲专利在异议程序中未被撤销的，专利局应当根据请求继续撤销程序。

（6）在撤销程序中，采用程序所使用语言的欧洲专利文本应为正确文本。

第 35G 条 维持费

（1）专利所有人应当缴纳在捷克共和国境内维持欧洲专利的年费（以下称"维持费"）。

专利局通过法令规定维持费的数额。

（2）缴纳维持费的义务于在欧洲专利公报中公告授予欧洲专利时产生。

维持费应当向专利局缴纳，于申请提交日的周年日提前缴纳。

欧洲专利授予公告之日与提交专利申请之日的间隔不足两个月的，欧洲专利所有人应当在公告之日起两个月内缴纳首笔维持费。

未在规定期限内缴纳维持费的，仍可在六个月的延展期内缴纳双倍维持费。

（3）在缴纳维持费的期间届满后仍未缴纳的，如果第三人善意开始使用发明客体，或者对该使用作认真有效的准备，其权利不受额外支付维持费的影响。

第四章　向药品和植物保护产品授予补充保护证书

第 35H 条

（1）对于在捷克共和国境内受有效专利保护的物质而言，如果其在投放市场前为根据特别规定应予以登记的产品的活性物质，专利局应当授予补充保护证书（以下称"证书"）。

（2）活性物质指化合物或者化合物组合、微生物或者微生物组合，其对人或者动物疾病具有一般或者特别治疗效果或者预防作用，或者可被施用于人类或者动物以进行疾病诊断、改善或者调整它们的健康状况，或者是以保护植物或者植物产品为目的。

（3）本条第（1）款所提及的产品，指活性物质或含有一种以上活性物质的组合，以药物或者植物产品的形式投放市场。

第 35I 条　证书申请

（1）证书申请应当由专利所有人或者所有权继承人提交，其申请的客体应为活性物质、获取活性物质的方法以及将活性物质作为药物或者植物保护产品进行的使用，依本法第 82 条授予的专利除外。

（2）证书申请应当自其根据特别规定作出产品登记决定之日起六个月内提交；在授予基础专利之前进行登记的，证书申请应当自专利授予之日起六个月内提交。

（3）证书申请应包含：

（a）授予证书的请求，特别说明：申请人的姓名和地址、代理人的姓名和地址（如有）、基础专利的编号和发明的所有权、根据特别规定首次登记产品的编号和日期；

（b）根据特别规定作出产品登记决定的副本，其中对产品进行识别，（如为药品的）包括产品数据摘要；

（c）能够识别与登记产品相关的受基础专利保护的物质的化学、通用或者其他术语。

（4）提交证书申请时，申请人应当根据特别规定缴纳管理费。

（5）专利局应当将证书申请登记于专利登记簿中，并在官方公报中公告。公告内容应当包括申请人的姓名和地址、基础专利的编号和受专利保护发明的所有权、登记的编号和日期以及对以登记的方式授权将其投放市场的产品的提及。

第35J条　获得证书的条件

在根据本法第35I条提交申请之日，满足下列条件的，专利局应当授予证书：

（a）基础专利在捷克共和国境内有效；

（b）产品含有受基础专利保护的活性物质，并根据特别规定有效登记为药品或者植物保护产品；

（c）尚未向该物质授予证书；

（d）本条（b）项中所提及的登记，是首次授权将批量生产的药品在捷克共和国境内推出，或者首次授权将植物保护产品投放捷克共和国市场。

第35K条　证书的授予

（1）证书申请符合本法第35I条规定的条件，且申请证书的物质符合第35J条规定的条件的，专利局应当授予证书并登记于专利登记簿中。

证书应包含：

（a）证书所有人的姓名和地址；

（b）基础专利的编号和发明的所有权；

（c）首次登记的编号和日期、作出登记决定的机关以及经登记而授权投放市场的产品信息；

（d）证书的有效期限。

（2）专利局应当将证书的授予公告于官方公报中。

公告内容应当包含本条第（1）款所述内容。

（3）证书申请不符合本法第35J条规定之条件的，专利局应当通知申请人在限定期限内对不足之处作出补救。

申请人未能在限定期限内完成申请的，专利局应当终止程序，并将该结果告知申请人。

（4）不符合证书授予条件的，应当驳回证书申请。

（5）专利局应当在官方公报中公告被驳回的证书申请以及授予证书程序的终止，公告内容应当包含本法第35I（5）条所规定的具体内容。

第35L条 证书的客体和效力

（1）在基础专利授予的保护范围内，证书的保护范围应延伸至代表已登记产品中活性物质的化学物质或者物质组合、微生物或者微生物组合以及在证书届满前授权的对作为药品或植物保护产品的专利客体的所有使用。

（2）证书授予的权利应与基础专利授予的权利相同，证书应受到相同的限制并履行相同的义务。

第35M条 证书的生效期限

（1）自提交基础专利申请之日起，至使产品能够作为药品或植物保护产品投放捷克共和国市场的首次登记之日，该期间减去五年，应当作为证书的生效期限，但自证书生效之日起最长不得超过五年。

（2）证书应当在基础专利的法定期限届满后生效。

（3）为维持证书效力，所有人应当根据特别规定缴纳管理费。

（4）在缴纳维持费的期间届满后仍未缴纳的，如果第三人已开始善意使用发明客体，或者对该使用做真实有效的准备，其权利不受额外支付维持费的影响。

第35N条 证书的失效

（1）发生以下情形之一的，证书失效：

（a）本法第35M（1）条规定的期限届满的；

（b）证书所有人放弃的；

（c）证书所有人未缴纳维持证书有效的管理费的；

（d）登记撤销或者届满后，产品不能再投放市场的；

（e）根据第35O条撤销证书的。

（2）专利局应当将证书的失效记录到专利登记簿中，并公告于官方公报。

第35O条 证书的撤销

（1）发生以下情形之一的，专利局应当撤销证书：

（a）证书的授予不符合本法第35J条规定的授予条件；

（b）基础专利在期限届满前已失效的；

（c）基础专利已被撤销或者限制，据以授予证书的活性物质不再受基础专利保护的。上述情况也适用于在其失效后撤销基础专利的情形。

（2）申请人证明其享有合法权益的，可在本条第（1）款基础专利失效后提交证书的撤销申请。

第二部分

［已废除］

第三部分　关于专利局程序的一般规定

第63条　行政程序

（1）有关行政程序的一般制定法规则应适用于专利行政程序，但不包括本法规定的例外情况，以及关于程序中止、信誉声明、决定的时间限制和未采取行动时的可采取措施的规定。

（2）为实施与本法所规定程序相关的行为，专利局应当收取管理费。

提出本法第23条、第35F条、第35O条及第68（1）和（2）条项下程序的人，应当交存程序费用保证金；其请求通过程序予以确认的，保证金应如数归还申请人。

保证金的金额为2500捷克克朗（CZK）。

（3）专利局的合法决定得对抗依特别法律规则作出的决定。

第64条

［已废除］

第65条

（1）程序一方基于合法理由未遵守时间限制，在导致未遵守时间限制的原因停止存在后的两个月内，向专利局提交请求的，专利局可予以豁免，但应在该期间内完成未完成的行为，且已缴纳相关制定法规定的管理费。

（2）在本应履行行为的期间届满后超过一年的，不予豁免；在主张和证明优先权，或提交对发明申请进行全面审查的请求，或根据本法第28（3）条请求继续程序等方面未遵守时间限制的，同样不予豁免。

（3）第三人在未遵守的时间界限届满之日和未遵守的行为被豁免之日内所获得的权利，不受影响。

第 66 条　文件查阅

专利局只有在第三方证明存在合法利益的情况下方允许其查阅文件。

在发明申请公告前，仅可以传达以下信息：发明人、发明申请人、有关优先权的数据、发明申请的所有权及其参考标记。

第 67 条　宣告裁定的程序

经证明存在法定权益的人申请，专利局应当确定生产方法、特定产品、其实施或其投放市场是否属于专利的保护范围。

第 68 条　复议程序

（1）专利局作出的决定，可在送达通知之日起一个月内提起复议，但根据本法第 65 条规定决定豁免未遵守时间限制的情况除外。

（2）复议决定应由专利局局长根据由其设立的专家委员会提议作出。

第 69 条　专利登记簿和专利局的官方公报

（1）专利局应设置专利登记簿，以便登记与发明申请相关的重要事项、程序以及与授予专利和注册外观设计相关的重要事项。

（2）专利局应当保证欧洲专利登记簿在捷克共和国境内有效。

本条第（1）款规定应适用于欧洲专利登记簿中的记录。

（3）专利局应当发布官方公报，其中（除其他事项外）应包含关于已公布发明申请、已授予专利和与发明相关的其他详情以及官方通知和主要决定。

第 70 条　代理

在捷克共和国境内没有住所或者未设立总部的人，应当根据特别规定由代理人代理专利局的有关事务。

本规定也适用于根据第三章提交翻译文本。

第 71 条

本法也适用于有关根据特别规定或捷克共和国受其约束的国际协定而予以保密的发明的程序，但其公开的除外。

第四部分 合理化建议

第 72 条

（1）合理化建议应为具有生产或操作性质的任何技术改进、对安全问题的解决、对工作场所健康的保护或者对环境的保护，合理化建议者有权处置其建议。

（2）专利衍生权利对合理化建议构成妨碍的，不得从合理化建议中获得权利。

第 73 条

（1）合理化建议属于其雇主的工作或者活动范围的，合理化建议者应当向其雇主提供该合理化建议。

（2）雇主自收到合理化建议后（参照本法第 74 条）两个月内未针对接受合理化建议和相应报酬订立协议的，合理化建议者有权不受限制地处置其合理化建议。

第 74 条

合理化建议的使用权应当自雇主与合理化建议者针对合理化建议和相应报酬订立协议后生效。

第五部分 一般条款、过渡条款和最后条款

◆ 一般条款

第 75 条 侵权

因本法保护的权利被侵犯而蒙受损害的，有权要求禁止侵权行为和制止其非法后果。

损害是由侵权行为引起的，被侵权人有权要求赔偿；赔偿责任包括被侵权人由于损害而遭受的财产价值损失（实际损害）以及侵权人若非由于损害而本应获得的利益（利益损失）。

若侵权造成了非实质损害，被侵权人有权获得适当的赔偿，该赔偿根据

情况可包括金钱赔偿。

第 75A 条
[已废除]

第 75B 条
[已废除]

第 76 条　与外国的关系
（1）在《巴黎公约》缔约国或者世界贸易组织成员的领域内，有居住或者设立总部的人，享有与捷克共和国国民平等的权利。
（2）捷克共和国受其约束的国际条约的规定不受本法影响。

◆ **过渡条款**

第 77 条
本法生效前尚未完成的发现申请程序，应当根据旧法完成。

第 78 条
（1）本法生效前尚未作出裁定的发明申请，应当根据本法规定进行处理，由专利局依职权进行全面审查。
（2）对于受第 84/1972 Coll. 号法律第 28（a）条调整的发明，自本法生效之日起，雇主在三个月内提交专利申请的，专利权应当归雇主所有。
发明人有权根据本法第 9（4）条从雇主处获得合理报酬。
雇主在该期限内未申请授予专利的，专利权应当视为属于雇员。
（3）第三方在本法生效前根据旧法规定实施本条第（1）和（2）款项下发明申请客体的，其权利不受影响。
针对实施根据旧法授予发明人证书的发明申请的客体，发明人根据该等规定获得报酬的权利，不应受到影响。

第 79 条
对于在本法生效前根据国际条约提交的承认发明人证书的请求，专利局应当授予专利，但申请人应在本法生效后六个月内使承认发明人证书的申请符合专利授予的条件。

申请人不符合专利授予条件的，专利局应当终止程序。

第 80 条

（1）本法生效前尚未作出裁定的外观设计专利申请，应当根据本法规定进行处理。

（2）根据第 84/1972 号法律的规定创作已针对其提交申请的外观设计人的雇主，在本法实施后三个月内提交将其登记为申请人的请求的，有权提交申请。

外观设计人根据本法第 44（4）条享有向雇主获取报酬的权利。

雇主在规定期限内未提交将其登记为申请人的请求的，该外观设计登记应当视为由外观设计人提出申请。

（3）第三方实施本条第（1）和（2）款提及的在本法生效前根据旧法规定开始的外观设计申请客体的权利，不应受到影响。

外观设计人根据旧法规定获得实施报酬的权利不应受到影响。

第 81 条

（1）根据第 84/1972 Coll. 号法律签发发明人证书的，应当自申请提交之日起十五年期限届满。

但该证书有效期不得早于本法生效后一年终止。

本法生效一年后维持发明人证书有效性的，应当根据相关制定法的规定缴纳管理费。

（2）根据第 84/1972 Coll. 号法律签发的外观设计证书，应当自申请提交之日起十五年期限届满；如经当事人请求，专利局应当将外观设计证书的有效期延长五年。

但该证书有效期不得早于本法生效后一年终止。

提交续展请求的，应当根据相关制定法的规定缴纳管理费。

（3）根据旧法持有或者获得使用发明或者外观设计的权利的组织，与专利所有人或者外观设计所有人享有相同权利。

（4）除第 84/1972 Coll. 号法律第 28（a）条规定的情形外，已作出一项受根据旧法授予的发明人证书保护的发明，且其处分权属于组织或者由组织获得，但该组织未实施该发明的，该发明人在发明人证书有效期间任何时间均有权请求专利局将发明人证书转为专利。

发明人证书转为专利的，应当缴纳管理费。

本款规定应当在实施细则详细规定。

（5）受发明人证书保护的发明未根据第 84/1972 Coll. 号法律第 28（a）条规定作出，或者受发明人证书保护的外观设计未根据前述法律第 82 条规定作出的，发明人或者外观设计人有权在其企业框架范围内实施发明或者外观设计的权利（视情况而定）。

（6）具有本条第（3）款所提及权利的组织未根据相关制定法的规定缴纳维持发明人证书的管理费的，或者在本条第（1）款规定期限届满后六个月内未提交记入外观设计登记簿请求的，该权利应当复归于专利或者外观设计所有，但其应在六个月延展期内实施该等行为。

未遵守该时间限制的，不予豁免。

第 82 条

（1）应在国外授予专利且其客体属于第 84/1972 Coll. 号法律第 28（b）和（c）条规定的所有人的请求，专利局可根据《巴黎公约》对在《巴黎公约》规定的时限届满后在捷克共和国提交的发明申请授予优先权。

（2）只有在已提交发明申请且在本法生效后十二个月内提交已在国外授予专利的证明文件后方可提交本条第（1）款提及的请求。

（3）有以下情形，专利局不得针对根据本条第（2）款提交的发明申请授予专利：

（a）申请人未提交在任何国家获得专利客体生产或者销售授权的证明文件的；

（b）在任何国家获得专利客体生产或者销售授权后的六个月内，申请人未在其所提出的申请中提交由捷克共和国主管机关授权其在捷克共和国境内生产或者销售专利客体的证明文件的；

（c）在根据本条第（1）和（2）款提交申请前，授予国外专利的专利客体已投放捷克共和国境内市场的。

（4）在国外获授予专利的所有人，根据本条第（1）和（2）款提出请求后，必须在获授予专利后三个月内且最迟应在本条第（5）款规定的专利有效期届满前提交本条第（3）（a）和（b）款提及的文件。

（5）根据本条第（2）款提交申请所授予的专利的有效期，应为自优先权日起十六年。

（6）未遵守本条第（2）款、第（3）（a）和（b）款及第（4）款规定期限的，不予豁免。

第 83 条

源自在本法生效前授予发明专利或者外观设计专利的法律关系，应适用旧法。

第 84 条

在本法生效前实施根据旧法受发明人证书保护的发明或者受证书保护的外观设计，或者在本法生效前根据合同授权进行实施的，不构成对专利所有人权利的侵犯。

发明人针对该等实施获得报酬的权利不应受到影响。

第 85 条

（1）本法生效前尚未终止处理合理化建议申请的，应当根据本法完成，本法第 73（2）条规定的期限应自本法生效之日起算。

（2）对于源自在本法生效前已作出有利决定的合理化建议的法律关系，应适用旧法，合理化证书的有效期应为自本法生效之日起三年。

第 86 条

（1）针对发现的报酬，实施发明、外观设计或合理化建议的报酬，准备图纸、模型或原型而产生的适当费用的补偿，主动参与执行、试验和实施发现、发明、外观设计或合理化建议的精神的报酬，以及探索发明或者合理化建议可能用途的报酬，如在本法生效前开始，所有该等主张应受旧法调整。

（2）一项受发明人证书保护且组织根据本法第 81（3）条规定获得专利所有人权利的发明，如在本法生效后实施，该组织应当根据本法第 9（4）条向发明人支付报酬。

一项受证书保护且组织根据本法第 81（3）条规定获得外观设计证书持有人权利的外观设计，如在本法生效后实施，该组织应当根据本法第 44（4）条向外观设计持有人支付报酬。

（3）对于实施已授予合理化建议人证书的合理化建议的报酬的主张，如其在本法生效前已开始，应当受旧法调整。

第 87 条
在本法生效前已公告的专题任务，应当受旧法调整和处理。

◆ **授权、废除以及最终条款**

第 88 条
专利局应当通过法令详细规定发明和外观设计的程序事项。
专利局应当通过法令规定维持费的金额。

第 89 条
特此废除下列文件：
（1）关于发现、发明、合理化建议和外观设计的第 84/1972 Coll. 号法律；
（2）关于发现、发明和外观设计程序的第 104/1972 Coll. 号法律；
（3）关于合理化建议的第 105/1972 Coll. 号法律；
（4）关于与外国在外国发明和外观设计方面关系的第 107/1972 Coll. 号法律；
（5）关于发明、合理化建议和外观设计争议调解程序的第 93/1972 Coll. 号法律；
（6）关于发现、发明、合理化建议和外观设计报酬的第 27/1986 Coll. 号法律；
（7）关于发明、合理化建议和外观设计管理及其在国民经济中有序利用的第 28/1986 Coll. 号法律；
（8）关于专题任务规划的第 29/1986 Coll. 号法律；
（9）确定第 84/1972 Coll. 号法律有关发现、发明、合理化建议和外观设计规定的例外情况的第 68/1974 Coll. 号法律。

第 90 条
本法自 1991 年 1 月 1 日起生效。

· 第1733/87号法律 ·

希腊技术转移、发明和技术创新法[1]

（1987年11月20日根据第1739号法律修订）

廖志刚* 译

第一部分 工业产权组织（OBI）

第1条 设立、宗旨

（1）工业产权组织[2]是依据私法设立于雅典的法人，由工业、能源和技术部监督指导。

（2）工业产权组织旨在通过行使下列职权，促进全国技术和产业发展：

（a）授予专利、从属专利和实用新型证书，为本法第13条规定的非协议许可证的颁发提供意见；

（b）登记技术转移合同；

（c）与外国类似机构、国际组织、本国的研究和技术中心合作，联络相关机构和数据库；

（d）筹备和监督有关专利和技术转移的国际公约的实施；

（e）视具体情形，经由主管部长决策，在国际组织中代表希腊；

（f）根据本法对保密登记簿、档案和案卷的有关规定，提供涉及新技术和技术诀窍的建议和信息；

（g）监督和跟进发明和技术创新的实施以及希腊国内外的技术转移；

---

[1] 本法根据世界知识产权组织（WIPO）官方网站中的成员国法律信息的英文资料翻译，同时参照了希腊工业产权组织（OBI）官方网站中公布的相关法律法规的英文版本。——译者注

* 译者简介：西南政法大学知识产权学院法学教授，硕士生导师，国家知识产权战略专家库成员。

[2] 根据1992年7月14日第232号总统令，工业产权组织不再属于公共机构。

(h) 参照国际准则对发明和技术转移合同的使用类别进行分类。

第2条 行政委员会：结构、职能、权限

(1) 工业产权组织由下列七人组成的行政委员会管理：❶

(a) 两名来自发展部的代表。

(b) 一名专司工业产权事务的法律工作者、一名研究中心或高等教育机构拥有工业产权相关知识和经验的研究人员以及一名产业界拥有工业产权相关知识和经验的管理人员。上述人员由发展部部长选定。

(c) 一名拥有工业产权领域相关知识和经验的技术专家，由希腊技术委员会推荐。

(d) 一名从工业产权组织全体职员中推选的代表。该代表无法选出时，行政委员会也可在其缺席的情况下合法召开会议。

(2) ❷

(3) 工业产权组织行政委员会成员和总干事根据工业、能源和技术部部长的决定任命任期四年。行政委员会主席和副主席也根据该决定任命。行政委员会主席可代行工业产权组织总干事的职权。工业产权组织行政委员会成员和总干事可以连任。❸

(4) 行政委员会秘书的职责由工业产权组织的雇员履行。该秘书及其助理由行政委员会主席的决定委任。

(5) 工业产权组织行政委员会主席、总干事以及行政委员会副主席、成员和秘书每次参加会议的补贴由工业、能源和技术部部长及财政部部长共同确定。每个月召开会议的总数不得超过四次。

(6) 行政委员会会议由主席召集，通常每月两次；但应行政委员会主席或多数成员的要求，可召开特别会议。召开特别会议的，主席应当在收到多数委员请求的书面通知之日起五日内召集会议。通知书也应说明会议议题。

(7) 行政委员会有至少四名成员出席会议的，即为达到会议法定人数。行政委员会决议依参会者的绝对多数作出。若双方票数相当，则主席的表决占优。

(8) 报告人的职责应由工业产权组织总干事或副总干事履行。行政委员

---

❶ 本法第2(1)条是经1997年第2516号法律第27(1)条修订后的版本。
❷ 本法第2(2)条经1997年第2516号法律第27(2)条废除。
❸ 本法第2(3)条是经1987年第1739号法律第18(a)条取代后的版本。

会主席代行总干事职权时，总干事和副总干事以及行政委员会成员均可偶尔被赋予特别任务。❶

（9）行政委员会会议记录应由主席、成员和秘书签名。

（10）行政委员会决定与工业产权组织履职、管理和职员相关的各项事务，具体如下：

（a）制定工业产权组织机构规章、职员权责规章、财政安排方案和行政委员会议事规则，并提交工业、能源和技术部部长批准；

（b）确定实现其目标的方案，制订长期和短期行动计划，并提交工业、能源和技术部部长批准；

（c）确定年度预算及其必要修订，并提交工业、能源和技术部部长批准；

（d）决定职员的招聘、薪酬、补偿和总干事的薪酬以及关涉其职业身份的各项事务；

（e）设立区域服务机构和国内外分支机构；

（f）适用有限责任公司的相关规定，编制工业产权组织的年终决算表和年度财务报告；

（g）确定工业产权组织因提供服务而应得的规费和收入；

（h）委托团体和其他自然人或法人从事研究、调查和与工业产权组织实现目标相关的工作，并确定应支付的报酬。

（11）行政委员会可通过决议指定其部分职能由工业产权组织总干事、副总干事或其他高级职员行使。

（12）行政委员会主席确定本法第2（6）条所称议程中涉及的事项，召集会议，并监督行政委员会决议的实施。主席缺席或不能参加会议时，由副主席主持行政委员会会议。

（13）工业产权组织总干事行使下列职权：❷

（a）负责执行行政委员会决议；

（b）领导工业产权组织各单位，保障其正常和高效运行；

（c）就诉讼和非诉讼案件代表工业产权组织；有权根据案情和案件类别，依法委托副总干事或行政委员会成员、工业产权组织的律师代理，或在特殊情况下委托工业产权组织的职员代理；

（d）通过其行为，依法授予专利、从属专利和实用新型证书；为本法第

---

❶ 本法第2（8）条是经1987年第1739号法律第18（a）条取代后的版本。
❷ 本法第2（13）条是经1987年第1739号法律第18（b）条修订后的版本。

13 条规定的非协议许可证的颁发出具意见；提供其他证书、确认书或记载本法规定信息的文书。

第 3 条 资金来源、管理、监督

（1）工业产权组织拥有下列一般和特别资金来源：

（a）提供服务所得的规费和收入；

（b）从公众投资项目预算中获取的特别资金；

（c）从补贴、捐赠、继承、遗赠以及法人和自然人的各种出资中获取的特别资金。

（2）经国民经济部部长以及工业、能源和技术部部长批准，工业产权组织可与希腊境内外的银行和信贷机构联系贷款事宜。

希腊可为上述贷款提供国家担保。

（3）工业产权组织的管理和年终决算表应由注册会计师进行审计。

（4）为了对工业产权组织的运行进行监督，行政委员会应向工业、能源和技术部部长提交关于其各项事务的年度报告、收支报告以及预算和决算表。

第 4 条 规章、案卷、登记簿、档案

（1）依照经工业、能源和技术部部长批准的工业产权组织行政委员会决议，制定下列规章：

（a）工业产权组织的组织机构规章调整各服务部门的架构、权限和职能。

工业产权组织的组织机构规章，可规定设立一个由工业产权组织专家组成的委员会，旨在必要时利用专门科技知识审查专利申请；

（b）工业产权组织职员身份的规章确定法律规定的岗位及其职员的招聘条件；规定包括其职级和薪酬的职员晋升事宜以及退休待遇；总体规定职员履职状态的各项事务以及纪律约束和惩戒措施；

（c）财务规章，涉及管理事务、预算、决算表和年度报告的编制和发布，规费、收入或税收的收支程序以及工业产权组织的物资供应；

（d）有关工业产权组织行政委员会职能的规章，无须提交部长批准。

（2）工业产权组织应保存下列登记簿、档案和案卷：

A．登记簿：

（a）本法第 21 条规定的保密技术转移登记簿；

（b）专利普通登记簿；

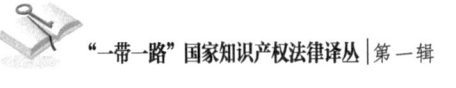

（c）专利保密登记簿；

（d）实用新型证书登记簿。

B. 档案：

（a）本法第 21 条规定的技术转移保密档案；

（b）专利普通档案；

（c）专利保密档案；

（d）实用新型证书档案。

C. 案卷：

（a）报告普通案卷；

（b）报告保密案卷。

（3）工业产权组织应发行工业产权公报和出版物，总结和传播有关专利、创新和技术转移的信息。

（4）应纳入前述登记簿、档案和案卷的资料及其编制和呈现方式，应由工业产权组织行政委员会提出建议，经工业、能源和技术部部长通过决定予以确定。工业产权公报的保存和发布方式以及纳入其中的资料亦应通过相同决定予以确定。

（5）根据 1963 年第 4325 号《国家国防相关发明法》存在的登记簿、档案和案卷称为保密登记簿、档案和案卷。工业产权组织职员在任职期间及离职后十年内若披露前述资料，则应当根据 1963 年第 4325 号《国家国防相关发明法》第 8 条的规定予以刑罚惩处。

第二部分　专　　利

第一章　通则、受益者

第 5 条　含义

（1）专利权应授予任何具备新颖性、创造性并适于工业应用的发明。发明可涉及产品、方法或工业应用。

（2）下列各项，不视为本条第（1）款所称发明：

（a）发现、科学理论和数学方法；

（b）美学创造；

（c）智力活动、游戏或经商的方案、规则和方法及计算机程序；

（d）信息的呈现。

（3）一项不属于现有技术的发明，应视为具有新颖性。现有技术是指专利申请日或优先权日之前通过书面、口头或其他任何方式在国内外为公众所知的技术。

（4）与现有技术相比，一项发明如对该领域的熟练技术人员而言并非显而易见，则其被视为具有创造性。

（5）发明的客体在各种工业活动中可以生产或使用的，视为该发明适于工业应用。

（6）下列各项不应被视为本条第（5）款所称适于工业应用的发明：

（a）人体和动物的外科手术或治疗方法；

（b）人体和动物的诊断方法。

（7）本条第（6）款的例外不适用于产品特别是用于上述任何方法的物质或组分。

（8）对下列各项不应授予专利权：

（a）其公布和利用会违反公共秩序或社会公德的发明；

（b）植物或动物品种，或者生产植物或动物品种的生物学方法，本规定不适用于微生物学方法或其产品。

（9）在专利申请日前六个月内披露的发明，有下列情形之一的，也应授予专利权：

（a）对专利申请人或其合法前任权利的明显滥用；

（b）在官方承认的符合《国际展览公约》（1928年11月22日在巴黎签署，经1932年希腊第5562号法律批准【第221号官方公报】）规定条件的国际展览会上展出。遇此情形，申请人应在申请时声明该事实，并提交相应证明材料。

（10）本条第（9）款所列披露，不影响本条第（3）款规定的发明的新颖性。

第6条 专利权、雇员发明、权利请求

（1）根据本条第（4）、（5）和（6）款的规定，发明人或其受益人及其普通或特别权利继承人享有专利权。提出专利申请的人，应被视为发明人。

（2）两人或多人合作完成的发明，除另行约定外，专利权由其共同享有。各共同受益人可自行让与其份额，并维持共有专利。

（3）两人或多人分别独立完成的发明，专利权应授予最先提出申请的人或根据本法第9条享有优先权的人。

（4）雇员作出的发明（自由发明）应归其所有，但该发明是职务发明（完全属于雇主）或从属发明（雇主拥有40%所有权，雇员拥有60%所有权）的除外。

（5）雇员和雇主之间因履行发明创造合同而产生的智力成果是职务发明。完成职务发明后，该发明对雇主具有重大经济利益的，雇员有权请求获得额外合理补偿。

（6）雇员利用受雇企业的原材料、设备或信息完成的发明为从属发明。雇主按照该发明的经济价值和产生效益的比例向发明人作出补偿后，有权优先实施该发明。该从属发明的发明人应及时书面告知雇主其完成发明的事实，并提供共同专利申请所必需的资料。雇主在收到上述通知后四个月内，未书面答复雇员其愿意共同提出专利申请的，雇员有权单独提交专利申请，并完全拥有该发明。

（7）任何限制雇员上述权利的协议均应视为无效。

（8）在任何情况下，专利中应提及发明人的姓名。发明人有权要求申请人或专利权人承认其发明人身份。

（9）如果第三方未经该发明的受益人同意而就其发明或必要组分擅自提交专利申请，则该受益人可提起诉讼，要求第三方承认其基于专利申请或专利权所享有的权利。

（10）上述法律诉讼应在工业产权公报发布该专利摘要之日起两年内向法院提起。如果专利权人在专利授权或专利转让之日即明知请求人的权利，则不适用前述期限。

（11）受理上述诉讼的不可撤销的决定的摘要，应记录在专利登记簿中。

自前述记录之日起，基于该专利权而授予的许可证和所有其他权利应被视为无效。败诉方和第三方基于善意而实施该发明，或已经为实施该发明做好必要准备的，可在向被认可的受益人赔偿后，请求获得合理期限内的非排他许可证。当事人之间发生争议的，应由申请人居住地的一审法院的独任法官根据《民事诉讼法典》第741条至第781条的规定予以审理。

第二章　授予专利权的程序

第7条　提交申请、受理、公告

（1）向工业产权组织提交的专利申请中应包含以下内容：

（a）申请人姓名或法人名称、国籍、住所或所在地和地址；

（b）发明的说明书以及对一项或多项权利要求的确定，工业产权组织可要求申请人按照本法规定完善或改写说明书或权利要求书，依本法提交的权利要求书应当表明请求专利保护的范围和内容；

（c）授予专利的请求书。

（2）申请应随附权利要求书或说明书中提及的附图、发明的摘要、关于正确理解说明书的解释以及授权申请人代表法人或自然人（如其不是发明人）行事的文件。申请还应随附证明缴纳申请费和首次年费的收据。

（3）发明的权利要求书应当以说明书为依据。

（4）发明的说明书的编制应足以使熟悉该领域技术的第三人实施。

（5）发明的摘要仅用于提供技术信息。

（6）申请可以包含一项发明或属于一个总的发明构思的多项发明。申请中涉及多项发明（组合申请）的，申请人在专利授权日之前可将该申请拆分为若干分案申请，将最初的申请日保留为各分案申请的申请日。

（7）申请人可在提交专利申请时声明，如果该申请被驳回，则希望工业产权组织根据本法第19条的规定考虑授予其实用新型证书。

（8）申请满足本条第（1）款规定的条件且随附缴纳申请费和首次年费的收据的，应予以受理。在此情况下，申请应被视为适式提交但未完结。

（9）自提交前述申请之日起四个月内，申请人应按照本条第（2）、（3）、（4）和（5）款规定，提交任何缺失的附图或其他支撑文件，完善相关资料，更正申请文件和其他辅助文档草案中的错误。此时，视为完成专利申请。

（10）本条第（8）款所称适式提交申请日视为专利申请日。

（11）专利申请和随附文件以及与专利授权程序相关的任何其他详细资料的制作和提交方式，应由工业、能源和技术部部长根据工业产权组织行政委员会的提议决定。

（12）本条第（1）款所列专利申请文件和本条第（2）款所列随附资料，

应于申请日或优先权日起满十八个月公布,专利权已被授予并已于授权日公开了的除外。

(13) 自申请公布之日起,任何第三方均可请求查询和复制申请文件、说明书、附图及任何其他相关资料。

(14) 申请文件的摘录应公布在工业产权公报中。

第 8 条 授予专利权：程序

(1) 本法第 7 (9) 条规定的期间届满后,工业产权组织发现专利申请适式提交但未完结的,应视为未提交。

(2) 申请适式提交且已完结的,工业产权组织应当对下列事项进行审查:

(a) 该申请所涉对象是否明显属于本法第 5 (6) 和 (8) 条所列不具备可专利性的情形;

(b) 申请所涉对象是否明显属于本法第 5 (2) 条所列不视为发明的情形。

如果属于上述任一情形,工业产权组织应全部或部分驳回专利申请。

(3) 根据前款规定,申请不属于未提交,或该申请未被驳回的,工业产权组织应基于发明说明书、权利要求书和附图制作一份检索报告,记载现有技术的所有必要资料,以评估发明(检索报告)的新颖性和创造性。该检索报告可随附工业产权组织出具的涉及本法第 5 (1) 条所列发明特性的评论或简要注解。

(4) 申请人自申请日起四个月内缴纳检索费的,方可制作检索报告。未按时缴费的,专利申请自动转换为授予实用新型证书的申请。

(5) 工业产权组织应当将检索报告连同随附文件送达申请人,申请人有权在收到通知之日起三个月内提出意见。

(6) 工业产权组织应当基于申请人的意见制作一份最终检索报告,包含根据本法授予专利权时用以评估发明可专利性的有关现有技术的全部资料。

(7) 检索报告应与专利申请共同向公众公开;报告未制作完成的,在其向申请人通知后公开。

(8) 检索报告或最终检索报告具有信息性。

(9) 在制作检索报告时,工业产权组织可请求欧洲专利局或任何其他国际和国家机构提供信息和意见以便自行评估。此外,工业产权组织可要求申请人提交附加信息、说明或意见。

（10）与检索报告或最终检索报告的制作程序有关的所有其他事项，由工业、能源和技术部部长的决定规制。

（11）工业产权组织在完成上述条款规定的程序后授予专利权。专利权证实专利申请已完成且适式提交。专利文件表明专利的类别和保护期限，但需随附下列资料：

（a）发明说明书的原件及权利要求书、摘要和附图（如有）；

（b）检索报告或最终检索报告。

（12）专利文件应包含优先权声明，指明在国外提交优先权申请的国家、日期和编号。

（13）专利应记载于专利登记簿中，其概要应发布在工业产权公报中。

（14）应向申请人提供专利文件副本及其随附文档。

（15）第三方有权请求查询和复制专利文件、说明书、附图及任何相关资料。

第9条 国际优先权

（1）在国外已妥适提交专利申请或实用新型证书申请的，申请人或其受益人有权主张优先权，但应自申请日起十二个月内就相同发明在希腊提交申请，且适用互惠条件。在该新申请中，申请人必须声明其首次申请的日期和国家。优先权追溯至在外国首次提交申请的日期。

（2）根据申请提交国法律，已视为妥适提交且提交日期依提交内容而不确定的专利申请，视为妥适的国外申请，并不受该申请后果的影响。

（3）自国外首次妥适提交申请之日起十六个月内，申请人应向工业产权组织提交下列资料：

（a）首次提交申请的国家主管机构的受理证明书，表明申请编号和日期，并附经该外国机构认证的说明书、权利要求书和任何附图；以及

（b）律师或有认证资质的机构认可的上述证明书、说明书、权利要求书和附图的希腊语译本。

（4）主张多项优先权的，该申请的优先权期间从最早的优先权日起算。

第三章 由专利衍生的权利及其有效期

第10条 权利内容

（1）专利权赋予其所有者（自然人或法人）在本法第11条规定的范围和

期限内以生产为目的实施该发明的专有权,特别是:

(a) 基于上述目的制造、许诺销售、销售、使用和支配受专利保护的产品;

(b) 使用、许诺公开或在市场上公开受专利保护的方法;

(c) 基于上述目的制造、许诺销售、销售、使用和支配依照该专利方法直接获得的受专利保护的产品;

(d) 禁止任何第三方依照前述条款以生产为目的实施该发明或未经专利权人事先同意而进口受专利保护的产品。

(2) 专利权人不得禁止前款含义中的下列活动:

(a) 非商业性或为研究目的使用该发明;

(b) 临时进入希腊领土的汽车、火车、船舶或飞机,使用装配在自身之上的发明;

(c) 依据本法第 25 (3) 条规定,药店按照医疗处方为特定个体制备药品或分发、使用该药品。

(3) 截至第三方提交专利申请之时或者优先权日,已经实施相同的发明或者已经做好实施的必要准备的任何人,有权为其企业或出于企业需要而继续利用该发明。该权利仅可随企业一并转让。

第 11 条 专利权的有效期

(1) 专利权的有效期为二十年,自专利申请日的次日起计算。

(2) 根据外国申请主张优先权的,专利权的有效期自希腊境内之申请的次日起计算。

第四章 继受和许可

第 12 条 转让、继承、协议许可证

(1) 专利申请权和专利权可根据书面协议转让,也可继承。转让自该协议登记之日起完成,继承自专利登记簿中的继承证明在工业产权公报上公告之日起完成。

(2) 专利权共有人可通过书面协议分别转让各自拥有的份额。该规定同样适用于共有申请权的转让。

(3) 专利权人可通过书面协议许可第三方实施其专利。若系共有专利权

的许可，则需获得全体专利权人的同意。

（4）若无相反约定，则该许可证不得独占，不得转让，也不得继承。

（5）专利权人可随时向工业产权组织声明其愿意颁发排他或非排他许可证书，以期获得补偿。

该声明的有效期为两年，应记录在专利登记簿中，并发布于工业产权公报上。专利文件中应有相应注释。

（6）在本条第（5）款规定的声明有效期内，专利权人有权获得专利年费的扣减。工业产权组织行政委员会应根据通例或个案确定年费的扣减事宜。

第13条　非协议许可证

（1）若完全满足下列所有前提条件，则本条第（10）款所称管辖法院可不经专利权人事先同意即向第三方颁发实施其专利的许可证：

（a）自专利权被授予之日起满三年，或者自提交专利申请之日起满四年；

（b）有关发明未在希腊国内实施，或者虽已实施但其生产的产品未能充分满足国内需求；

（c）第三方生产性实施该专利发明；

（d）第三方在启动司法程序前一个月，已告知专利权人其请求非协议许可证的意图。

（2）专利权人能够证明其未在国内实施或未充分实施其专利具有正当性的，不得授予非协议许可证。产品进口不构成援引和适用本款的理由。上述第（1）款规定不适用于从欧洲联盟和世界贸易组织成员进口的产品。❶

（3）非协议许可证的颁发，可不排斥其他协议或非协议许可证。该非协议许可证仅随实施该发明的企业的一部分一并转让。

（4）专利权人可请求本条第（10）款提及的管辖法院针对一项在先专利授予非协议许可证，前提是其发明涉及在先专利发明，而该发明的生产性实施会不可避免地侵犯在先专利权人的权利，且其发明与在先专利发明相比具有重大进步。在授予前述非协议许可证时，在先专利权人也可请求就在后发明授予非协议许可证。

（5）经利害关系人请求，本条第（10）款所称管辖法院应授予非协议许可证。

---

❶ 本法第13（2）、（3）条是经1992年第54号总统令第2条和1995年第2359号法律第9（4）条取代后的版本。

请求书应随附工业产权组织关于具备前款规定颁发非协议许可证的条件,给予专利权人补偿的金额、条件以及实施该发明的排他或非排他属性的意见书。工业产权组织应在受理意欲利用该发明的利害关系人的请求后一个月内出具意见书,该意见书对管辖法院不具约束力。颁发非协议许可证的请求书副本以及工业产权组织的相关意见书和确定审理日期的通知书,应送达专利权人和其他协议或非协议许可证的受益人。

(6) 若管辖法院批准该请求,则颁发非协议许可证。许可证中包括该发明实施权的范围、有效期、在希腊生产性实施该发明的起始日以及许可证受益人给予专利权人的补偿金额和条件。

补偿金额和条件,应根据产业性实施受保护发明的范围确定。

(7) 法院根据本条第(6)款所作裁决,应记录在工业产权组织的专利登记簿中,发布于工业产权公报上,并通知本条第(5)款所涉人员。

(8) 若有新的资料证实修改的正当性,则本条第(10)款所称管辖法院可根据专利权人或非协议许可证受益人的请求修改颁发该许可证的条件;受益人不遵守许可证的条款,或者颁发许可证的条件不复存在的,法庭可撤销非协议许可证。如果立即撤销可能对非协议许可证受益人造成重大损害,则法庭可允许其在合理期限内继续实施。

(9) 非协议许可证不得授予进口发明所涉产品的权利。

(10) 负责非协议许可证的颁发、转让、修正和撤销事宜的管辖法院是设立于申请人居住地的一审法院,由三名法官进行审理,法官依照民事诉讼法典第741条至第781条规定的程序进行裁决。

第14条 对公共机构的许可

(1) 如果有关发明尚未在希腊生产性实施,或者生产的产品无法满足本地的需求,则基于公共健康和国防的紧迫事由,可根据工业、能源和技术部部长以及必要时任何主管部长的正当决定,许可公共机构在希腊实施专利发明。

(2) 在有关决定发布之前,专利权人和任何能够提供有益建议的人,均可表达其意见。

(3) 同一决定中还应参照工业产权组织的建议,确定给予专利权人补偿的金额和条件。补偿的金额,应根据产业性实施该发明的范围确定。如果专利权人对补偿金额提出异议,则由有管辖权的一审法院的独任法官依强制令程序裁决。

第五章　无效、失权、保护

第15条　无效

（1）有下列情形之一的，法院可以宣告专利权无效：

（a）专利权人并非本法第6（4）、（5）和（6）条所称发明人或者其受让人或受益人；

（b）属于本法第5条所列不具备可专利性的发明；

（c）专利随附说明书不足以使本领域熟练技术人员实施该发明；

（d）专利权的对象超出专利申请文件中请求保护的范围。

（2）本条第（1）（a）款所列人员有权依据该项规定起诉专利权人；其余情形中，任何享有法定权益的人均可向法院起诉。无效宣告诉讼应向有管辖权的民事法庭提起。专利权人若非希腊居民，则在首府的法院起诉或应诉。

（3）仅向法院请求宣告发明部分无效的，该专利权受到相应限制。

第16条　失权

（1）相关权利人向工业产权组织提交书面弃权声明，或未按期缴纳保护费的，不再享有源自专利的权利。

（2）工业产权组织签发权利丧失文件，并在工业产权公报中公告。该权利自公告之日起丧失。

（3）如果颁发了非协议许可证，或者对发明授予了权利，则在弃权声明登记时必须提交该许可证或权利受益人的同意书。

第17条　专利权人向法院起诉、欺诈

（1）针对侵犯专利权或即发侵权的情形，专利权人有权要求停止侵害或将来不得实施侵害。

（2）针对国际性侵犯专利权的情形，遭受损害的专利权人有权要求赔偿损失，或者要求归还因不正当实施其专利发明所获收益，或者要求支付与许可使用费等值的补偿。

（3）上述权利可赋予排他许可证的受益人、对发明享有权利的人和专利申请人。若系后者，法院可在该申请获得专利权之前中止案件审理程序。

（4）上述权利应自专利权人得知侵权行为或损害发生以及承担赔偿责任

的行为人之日起五年内行使，但最长不得超过自侵权行为发生之日起二十年。

（5）一旦认定被告侵权行为成立，法院可责令销毁违反本法规定制造的产品。作为销毁产品的替代，法院也可应原告请求，判令被告将其全部或部分产品交予原告，用于全部或部分赔偿。

（6）发明涉及产品制造方法的，可以推定每件同类产品均系采用受保护的方法制造。

（7）任何人在产品或其包装上或者用于公众的任何种类的商业文件或宣传广告中，虚假陈述其问题产品受专利保护的，判处一年以下监禁或五万德拉克马（CRD）以上罚金，或二者并处。

第六章 从属专利

第18条 含义、授权程序

（1）一项发明构成了对已获专利授权的另一发明（主专利）的改动，如果后一发明的对象涉及主专利中至少一项权利要求，则后一发明人可请求授予其新的专利（从属专利）。

（2）从属专利的保护期限应与主专利一致。若许可证中未另行说明，则主专利许可证的所有受益人均可使用从属专利以实施主专利。

（3）从属专利无须缴纳专利年费。

（4）应其权利人请求，从属专利可转换为主专利。转换后的专利权的有效期由本法第11条规制。原申请日被视为从属专利的申请日。

（5）主专利被宣告无效的，并不导致从属专利无效。如果主专利被宣告无效，则其原应缴纳的专利年费应由从属专利缴纳。

（6）本条未尽事宜，分别由本法关于专利权的各项相关规定调整。

第三部分 技术创新

第一章 实用新型证书

第19条 含义、授权程序

（1）一件具有确定形状和构造的三维物品，如工具、仪器、装置和设备或其部件，若具备新颖性并适于工业应用且能够针对技术问题提出解决方案，应授予实用新型证书。

（2）专利申请人在专利授权日之前，可请求将其专利申请转换为实用新型证书申请。

（3）实用新型证书的有效期为七年，自其申请日的次日起计算；若有本条第（2）款所称转换情形，则自专利申请日的次日起计算。

（4）授予实用新型证书的申请应向工业产权组织提交。申请文件、支撑材料及其他相关详细资料的提交要求，由工业、能源和技术部部长通过决定予以确定。

（5）实用新型证书的申请文件符合本条第（4）款要求的，工业产权组织无须预先审查其新颖性和工业实用性，即可授予实用新型证书；由申请人承担相关义务。

（6）本条未尽事宜，分别由本法关于专利权的各项相关规定调整。

第二章　技术创新和奖励

第20条　技术创新、资助、奖励

（1）经企事业单位一名或多名从事相关活动的工作人员提议，可为解决特定技术问题的新方案（技术创新）颁发技术创新证书。该技术创新证书构成对作出创造性贡献的企事业工作人员的奖励。

（2）授予技术创新证书的具体程序，由劳工部部长以及工业、能源和技术部部长共同确定，并公布在政府官方公报上。

（3）对旨在研究开发技术设备和模型、共同利用研究成果以及在展览和大会上展示发明或新产品和新方法的发明家或科学家联合会和协会以及生产单位合作社和联合会的资助条件，由财政部部长以及工业、能源和技术部部长共同确定。

（4）向为技术开发、普及和传播科技知识以及创建技术展示场所和博物馆作出贡献的发明人和企事业员工提供国家奖励和/或财政支持的程序，由国民经济部部长、财政部部长以及工业、能源和技术部部长共同确定。

（5）经有关当事人请求，本国研究中心或机构可准许欲对其符合所在机构要求的技术装置和发明进行工业和商业性利用的各类研究人员享受不超过两年的带薪（不超过薪金的50%）休假。应当事人请求，研究机构也可同意将前述假期再延长三年,但带薪不得超过常规薪金的25%。五年期限届满,研究人员应选择辞职或返回原单位从事全职工作。研究机构的行政委员会对请假或续假申请进行评估,并报经工业、能源和技术部部长核准。

第四部分　技术转移

第21条　含义、合同条款的无效

(1) 根据技术转移合同,供方应向受方提供技术;受方应依照约定向供方支付价金。具体而言,下列情形属于本条所称提供技术:

(a) 许可实施专利权和实用新型证书;

(b) 转让专利权和实用新型证书;

(c) 提供技术施工指示、图纸或服务;

(d) 提供组织和管理服务以及专门咨询服务或后续和控制服务;

(e) 披露商业秘密,包括关涉生产性实施的图纸、图表、样本、模型、指令、比例、条件、工艺、配方和生产方法;该商业秘密主要为技术信息、数据或知识,涉及制造产品和提供服务所需的具有实用性、不为公众普遍知悉的方法、专门知识或技能;

(f) 共同研究或开发新技术、示范或实验项目或工程;

(g) 以简报、指导和组建团队的形式提供技术援助。

(2) 下列条款无效:

(a) 专利许可证条款违反欧洲共同体委员会1984年第2349号条例(欧盟官方公报L219/15)第3条,该条涉及《欧洲经济共同体公约》第85(3)条关于专利实施许可合同种类的规定;

(b) 技术转移合同条款包含禁止出口的规定,基于经济发展和公共利益的重大事由,且不违反本国应承担的国际义务的,工业、能源和技术部部长可允许订立包含禁止出口条款的合同。

第22条　技术转移合同的登记

(1) 在希腊有住所或办公场所的当事人应于订立合同之日起一个月内将技术转移合同提交工业产权组织登记;1983年第1306号法律(第65号官方公报)应同时适用。

(2) 上述合同应记载于技术转移合同登记簿中。对于已登记的技术转移合同或以本条第（5）款规定形式纳入的信息，应予保密。违反前述规定的，应依据1914年第146号法律第17条关于反不正当竞争的规定予以处罚。

(3) 包含下列主题的合同可不予登记：

(a) 外国工程师和技师为工厂或机器的安装和维修而封闭性使用的；

(b) 通常伴随机器或设备且不给受方产生任何额外费用的建议、图纸或类似资料；

(c) 基于之前已登记合同而实施紧急技术援助或维修的；

(d) 教育机构或企业对其员工进行技术培训的；

(e) 有关防卫系统的。

(4) 负责技术转移合同登记的一方，可提交一份合同文本或根据本条第（5）款规定完成特殊表格。未经工业产权组织书面确认，表明当事人已满足本款要求的，涉及合同当事人之间任何争议以及技术转移合同的诉求或请求，均不得在法庭上辩论。

(5) 编辑图纸和制作关于技术转移合同特殊表格的程序以及完成统计应用的相关前提条件，由工业、能源和技术部部长确定。

(6) 合同当事人可因登记技术转移合同而折抵应向工业产权组织缴纳的费用。折抵的比例应由工业产权组织行政委员会确定。

第五部分 《授予欧洲专利的公约》的实施

第23条 欧洲申请、欧洲专利、无效事由

(1) 如果不以之前向希腊提交的申请为基础主张优先权，则作为希腊公民的申请人必须向工业产权组织提交授予欧洲专利的申请。

(2) 根据1986年第1607号法律（官方公报第85号）关于《欧洲专利公约》第93条涉及欧洲专利的规定，自其公告之日起，在希腊提交的欧洲专利申请与希腊专利申请具有同等效力。

(3) 欧洲专利申请的申请人向工业产权组织提交了经过相关认证的希腊语译本的权利要求书之后，方可获得本条第（2）款规定的临时保护。

(4) 欧洲专利与工业产权组织授予的希腊专利在希腊具有同等效力。

(5) 欧洲专利的权利人应向工业产权组织提交欧洲专利局据以授权或确

权的申请文件的经相关认证的希腊语译本。

（6）欧洲专利不符合本条第（5）款规定的，在希腊不产生效力。

（7）只要希腊根据《欧洲专利公约》第 167（2）（a）条针对欧洲专利所作保留继续有效，则对药品授予保护的欧洲专利在希腊无效。

（8）仅可依据 1986 年第 1607 号法律关于《欧洲专利公约》第 138（1）条规定的理由宣告欧洲专利在希腊无效。

（9）无效理由仅涉及部分欧洲专利的，应对专利权利要求书、说明书和附图进行相应限定。

（10）下列事项应由基于工业、能源和技术部部长建议发布的总统令确定：

（a）提交欧洲专利申请文件翻译文本的最后期限和前提条件；

（b）提交欧洲专利文件翻译文本的最后期限和前提条件；

（c）确认翻译文本真实性及其适度修订和已实施该专利的善意第三人权利的条件；

（d）向工业产权组织提交欧洲专利申请的方式和前提条件；

（e）对欧洲专利登记簿的保存；

（f）将欧洲专利申请转为希腊专利申请的前提条件；

（g）向工业产权组织陈述欧洲专利有关事项的前提条件；

（h）希腊专利和欧洲专利重叠保护的规则。

第六部分　最终条款与过渡条款

第 24 条　规费

（1）技术转移合同登记，为技术转移提供咨询和信息，专利和实用新型证书权利的授予、转让或变更，均应收取相应规费。

（2）每一件专利的申请费、保护年费、检索报告费以及变更登记费，应预先向工业产权组织缴纳。申请费和第一年的保护费收据应与专利申请文件一并交存。应提前缴纳下一年度的保护年费，并于每年与专利申请日对应月份的最后一日之前向工业产权组织交存相关收据。前述期限届满后，专利权人应在六个月内如数缴费，并额外支付应缴费用的 50%。

（3）任何专利申请应每年预缴保护年费，视同专利权已被授予。专利申请人未在本条第（2）款规定的期间内缴纳上述费用的，应适用本法第16条规定。

（4）付费日应被视为随附相关收据的申请提交日。

（5）上述规定分别适用于实用新型和本法要求缴纳费用的其他所有情形。

（6）收费金额由工业产权组织行政委员会确定。

（7）为下一期间预缴的保护费，应免予所有随后再度调整。

（8）申请被不可更改地驳回的，应返还预缴保护年费中未实施部分相应的比例。

第25条 废止、过渡安排、授权❶

（1）本法生效前受理的专利申请，适用提交申请之日有效的关于授权程序先决条件的规定。专利权应由工业产权组织授予。基于前述申请授予的专利权以及本法生效前已经授予的专利权，应由本法规制；任何适当的既得权利均应保留。❷

（2）自本法生效之日起，下列各项应予废止：1920年"关于专利权"的第2527号法律、民法典第668条、1920年11月22日《关于实施涉及专利权的第2527号法律的皇室敕令》、1980年"关于修订和完善1920年第2527号法律"的第1023号法律第1条至第12条、1982年"关于各部职能再分配"的第574号总统令第7条所列情形以及与本法相抵触或涉及本法调整事项的其他规定。1963年"关于本国国防的发明"的第4325号法律继续有效；但该法律所涉商务部应理解为工业产权组织，所涉1920年第2527号法律应由本法的相应规定取代。

（3）只要希腊根据《欧洲专利公约》第167（2）（a）条所作保留继续有效，则工业产权组织不得授予1983年第1316号法律第2条意义上的任何药品专利。

（4）自本法公布之日起，经工业、能源和技术部部长决定，有别于其他相关安置，工业产权组织可自行调配该部专利局的各类职员，以满足其职能需求。上述职员在工业产权组织中的服务期间根据不同情况应被视为在工业、

---

❶ 本法第25（1）（3）条是经1995年第2359号法律第9（2）条取代后的版本。

❷ 本法第25（1）（4）条根据1995年第2359号法律第9（3）条废除。依照1920年第2527号法律规定授予的专利权期限延长至二十年，自正常提交专利授权申请之日起算。关于规费的规定同样适用于前述专利。

能源和技术部中的实际服务期间。根据该决定,前述专利局的各种设备可转与工业产权组织。

(5)根据商务部部长以及工业、能源和技术部部长建议签发总统令后,商务部商业和工业产权理事会关于商标注册和授权的职能可转由工业产权组织行使。

第 26 条❶

(1)(a)经政府事务部部长、国民经济部部长以及工业、能源和技术部部长建议签发总统令的,工业产权组织的法律地位可转为公共法人,废除涉及公共财政、转变后法人的财产处置以及任何其他相关事项的一般和特别规定后,其人事职能、组织、运行、资源和财务管理将作相应调整;

(b)根据类似总统令,有关工业产权组织职员服务身份的事项,包括人员的配置、职能的转变以及社会保障,在转换期间应予调整。

(2)关于本条第(1)(b)款规定的总统令的申请程序,应由工业、能源和技术部部长的决定规制。

第 29 条 生效

本法于政府官方公报发布之日起生效;但第二、三、四部分以及第 25(1)和(2)条的规定于 1988 年 1 月 1 日起生效。本法一经生效,工业、能源和技术部专利局的职能应划归工业产权组织。

---

❶ 本法第 25(6)和(7)条以及第 27 条和第 28 条与工业产权组织的职权范围无关,故予以省略。

· 1995 年第 33 号法律 ·

匈牙利发明专利保护法[1]

秦 洁[*] 刘天松[**] 译

为了促进匈牙利国民经济的技术进步，促进最新技术的应用，在精神和物质上鼓励发明家，根据匈牙利有关知识产权保护的国际义务，国会特制定本法：

第一部分 发明和专利

第一章 专利保护的客体

◆ 可授予专利的发明

第 1 条

（1）授予专利权的发明，应当在任何技术领域具备新颖性、创造性，以及适于工业应用。

（2）下列各项，不视为本条第（1）款所称发明：

（a）发现、科学理论和数学方法；

（b）美学创作；

---

[1] 本法根据世界知识产权组织（WIPO）英文版本翻译。——译者注

[*] 译者简介：法学博士，西南政法大学知识产权学院副教授，硕士生导师。

[**] 译者简介：西南政法大学知识产权法学硕士研究生。

(c) 智力活动及游戏或者商业经营的方案、规则和方法，以及计算机程序；

(d) 信息的呈现。

(3) 本条第（2）款中所述不得视为发明的客体，其排除的范围仅限于与上述客体相关的专利申请或者授权。

◆ **新颖性**

第 2 条

(1) 发明不构成现有发明一部分的，视为具有新颖性。

(2) 现有技术指优先权日之前，通过书面通信或者口头说明、使用或者其他方式来公之于众的所有事物。

(3) 任何国家专利申请或者实用新型申请具有较早优先权日的内容应当视为现有技术的部分，前提是在专利授予程序中发表或者公布的日期应在优先权日之后。

欧洲专利申请［参照本法第84B（2）条］和国际专利申请［参照本法第84P（1）条］的内容应当视为包含在本法所规定［参照本法第84D（2）条和第84T（2）条］的特殊条件下的现有技术。

依照本法规定，摘要不视为申请的内容。

(4) 本条第（2）和（3）款的规定不得排除用于通过手术或者治疗来医治人体或者动物体的方法和在人或者动物身上实施的诊断方法［参照本法第6（10）条］的任何物质（化合物）或者组合物的可专利性，但这些方法的使用不包括在现有技术中。

(5) 将属于现有技术的物质（化合物）或者合成物用于通过外科手术或者治疗以医治人体或者动物身体的方法，以及施行与人体或者动物身体的任何诊断方法［参照本法第6（10）条］的，本条第（2）和（3）款的规定不得排除该物质（化合物）或者合成物的可专利性，但该物质或者材料在此类方法中的使用不得构成现有技术。

第 3 条

就本法第2条而言，有下列情形的，发明的公开发生在优先权日以前六个月以内不应当视为现有技术：

(a) 专利申请人或者前任权利人滥用权利的结果；或者

(b) 专利申请人或者前任权利人在展览会上展示的发明，且该展览会经匈牙利知识产权局局长于匈牙利官方公报上明确宣布。

◆ **创造性**

第 4 条

（1）与现有技术相比，发明对于该领域熟练的技术人员而言并非显而易见，则发明具有创造性。

（2）在考虑是否具有创造性时，应当排除本法第 2（3）条中所提到的现有技术部分。

◆ **工业应用**

第 5 条

（1）发明如能够在包括农业在内的任何工业产业中制造或者使用，则视为适于工业应用。

（2）［已废止］

◆ **可授予专利的生物技术发明**

第 5A 条

（1）发明若满足本法第 1 条至第 5 条的要求，则应当授予专利权，即使发明是由生物材料构成或者含有生物材料物质的产品，或者通过生产、加工或者使用生物材料的过程。

生物材料指在生物系统中任何含有能够自我复制或者复制出遗传信息的材料。

（2）生物材料是通过技术手段从自然环境中分离或者生产而来的，即使该生物材料在发明以前就已经存在于自然之中。

（3）处于形成和发展之各个阶段的人体，以及对包括基因序列或者部分基因序列在内的人体构成要素的简单发现，均不构成可专利性发明。

（4）从人体中分离出来或者通过技术手段产生的一个元素，包括一个基因的部分序列，可以构成一个专利发明，即使该技术要件与原来人体自然的技术要件的结构相同。

◆ 可专利性

第 6 条

（1）下列发明应当授予专利保护：

（a）符合本法第 1 条至第 5A 条的要求，依照本条第（2）至（4）款和第（10）款的规定，不排除在专利保护的范围外；

（b）相关的专利申请应符合本法规定的要求。

（2）对在经济活动框架内使用会违反公共政策和道德的发明不授予专利保护，该等发明不得仅因法律、法规的禁止而被视为违反公共政策。

（3）在本条第（2）款的基础上，下列特定的情形不应被授予专利保护：

（a）克隆人的过程；

（b）改变人类生殖细胞的遗传特性的过程；

（c）将人类胚胎用于工业或者商业用途；

（d）改变可能使动物遭受痛苦的遗传特性的过程，但对人类或者动物的医疗没有任何实质性益处；和

（e）（d）项所指的动物是由该过程产生而来的。

（4）下列情形不应当授予专利权：

（a）植物品种 [参照本法第 105（a）条] 和动物品种；

（b）对于动植物生产的基本生物过程。

（5）关于动物或者植物的发明，该发明的技术可行性不局限于一个特定的动物或者植物品种，则可授予专利。

（6）植物品种可根据第十三章的规定给予植物品种保护。

（7）植物或者动物完全由杂交、自然选择或者其他自然现象产生的，则其生产的过程本质上属于生物学过程。

（8）本条第（4）（b）款不包括涉及微生物或者其他技术工艺或者产品通过此类方法而被授予专利权。

（9）微生物过程指涉及或者执行或者产生微生物材料的任何过程。

（10）通过手术或者治疗方法医治人体或者动物的方法和在人体或者动物体上实施的诊断方法不得获得专利保护。

本条款不适用于产品，特别是用于此类方法的物质（化合物）和组合物。

第二章 发明和专利授予的权利和义务

◆ 发明人的道德权利及其关于公开发明的权利

第7条

(1) 发明创造之人应当视为发明人。

(2) 除非终审法院作出相反的判决,否则在专利申请中原申请人或者根据本法第55(2a)条对专利登记簿的相关记录进行修改后所记录的人应被视为发明人。

(3) 两个以上的人共同参与发明,除在专利申请中另有约定的外,发明人对该设计享有的份额相等。

(4) 除非最终法院作出相反的判决,专利申请中最初陈述的发明人的份额,根据本条第(3)款确定的份额,或者根据本法第55(2a)条对专利登记簿的相关记录进行修改后所记录的份额,均具有约束力。

(5) 发明人有权在专利文献中写明自己是发明人。

若发明人以书面形式提出请求,则公开的发明专利文件按其要求不得提及发明人。

(6) [已废止]

(7) 在发明专利申请公布之前,发明只能经发明人或者其权利继受人的同意才能对外公开。

◆ 专利权

第8条

(1) 专利权属于发明人或者其权利继受人。

(2) 除非是终审法院裁决或者其他官方决定与此相反,否则专利权属于最早申请优先权日的人。

(3) 两个或者两个以上的人共同发明的,专利权由发明人或者其权利继受人共同享有。

两个或者两个以上的人有权获得并平等享有权利,但另有规定的除外。

(4) 两个或者两个以上的人分别独立创造发明的,专利权归最早申请优先权日的发明人或者其权利继受人,只要第一个申请被公布,或者它的客体被授予专利保护。

◆ 职务发明和雇员发明

第 9 条

（1）职务发明是指受他人委托而有义务在该发明领域里开发解决方案而创造出的发明。

（2）雇员发明是由发明人因劳务关系而无其他义务发明的，且其发明属于单位的业务领域。

第 10 条

（1）职务发明的专利权属于委托人或者其权利继受人。

（2）雇员发明的专利权属于发明人，但雇主有权使用该发明。

雇主的实施权是非独占性的，雇主不得授予实施发明的许可。

雇主不再存在或者其任何组织单位分立的，则其专利实施权转移至权利继受人。该权利不得以其他任何方式让与或者转让。

第 11 条

（1）发明者在发明创造之后应立即通知雇主或者委托人。

（2）在收到该通知后九十日内，雇主应作出声明，声明他对该发明享有或者不享有所有权，或者陈述其关于实施雇员发明的意图。

（3）雇主只有在发明人有权公开其发明的情况下才能使用该雇员发明［参照本法第 7（7）条］。

（4）雇主同意或者未按照本条第（2）款作出声明的，发明人可行使与雇员发明相关的权利。

（5）雇员发明专利的权利应属于发明人，雇主同意或者未能根据本条第（2）款作出陈述，则该权利的实施不受雇主约束。

第 12 条

（1）雇主应当在收到职务发明通知之日起的合理时间内提出专利申请；此外，雇主还应积极获取专利权。

（2）在收到通知之日起该发明专利已由雇主承认且发明是保密的并在同业间利用的，雇主可以放弃提交专利申请，或者可以撤回申请。

雇主应通知发明人该决定。

（3）发生争议时，雇主负有证明发明在收到通知之日无法获得专利的举证责任。

（4）除本条第（2）款所述的情况外，在任何行为（包括移交临时专利保护）之前，或者任何有意的疏忽可能妨碍获得专利的职务发明，雇主应当提出转让向发明人免费提供专利权，无论是否具有适用于雇员发明的实施权。

雇主放弃临时保护的，即使未经发明人同意，亦应有效。

（5）本条第（4）款的规定不适用于发明人在本法规定的情况下已经获得公平报酬的情况。

◆ **职务发明的报酬**

第 13 条

（1）使用职务发明的，在下列情况下，发明人有权获得报酬：

（a）发明受到专利保护，或者该发明的客体获得补充保护（参照本法第 22A 条）的，则从实施开始到最后专利保护或者补充保护期满为止；

（b）确定的专利保护或者——发明的客体被授予补充保护的（参照本法第 22A 条）——补充保护由于雇主放弃或者未缴纳维修费用失效的，从实施开始到专利期限届满或者补充保护因期限届满失效；

（c）发明受到保护的，从使用开始到发明的公布之日，或者从雇主通知发明之日起至多二十年，以较晚日期为准。

（2）以下情形应当视为使用职务发明：

（a）对发明的实施（参照本法第 19 条），包括为了创造或者保持其有利的市场地位未能实施的；

（b）向第三方授予实施许可证的；

（c）专利权或者专利的全部或者部分转让的。

（3）发明人有权分别对实施、每个实施许可、每个转让收取报酬，即使授予许可或者转让行为没有对价。

专利权利要求书的一个或者多个要素在产品或者过程中被发明者所提供的改进要素所取代的，不应影响其享有报酬的权利。

（4）报酬由雇主缴纳，或者属于联合专利的，并且在没有相关联合专利权人协议的情况下，由享有使用发明的专利权人缴纳。

在某种情况下，收购方享有实施许可或者转让的权利时应承担缴纳报酬的义务。

（5）在利用外国专利或者其他具有相同效力的合法保护的客体的情况下，还应当缴纳报酬；但是，发明人有权依据国家专利获得报酬，则不应当享有报酬。

（6）发明人的报酬，应由与雇主、使用专利权人或者获得权利的人缔结的合同决定（职务发明的报酬合同）。

（7）实施发明的报酬应与雇主或者实施专利权人根据专利许可协议缴纳的实施费相当，同时考虑到发明客体的技术领域的许可条件。

（8）在实施许可或者专利转让的情况下，报酬应与实施许可或者转让的价值相一致，或者与没有对价的开发学科或者转让产生的利益相称。

（9）在评估报酬时，应考虑雇主对有关发明的费用以及发明人因受雇而产生的职责，确定本条第（7）和（8）款所规定的相称性。

凡是需要对发明进行保密的，还应当考虑对发明者未取得保护的不利因素。

◆ **实施雇员发明的报酬**

第 14 条

（1）雇员发明实施权的报酬应由雇主缴纳，或者在有超过一名雇主且没有相反协议的情况下，由实施发明的雇主缴纳。

（2）发明人的报酬由与雇主缔结的合同决定。

（3）使用雇员发明权的报酬金额，应与雇主根据专利许可协议，考虑到该技术领域发明客体的许可条件须缴纳的费用相等。

◆ **职务发明和雇员发明的一般规定**

第 15 条

（1）职务发明报酬的合同，以及本法规定的任何与职务发明和雇员发明有关的公开、陈述、通知或者信息，均应当在合同中写明。

（2）经双方当事人同意可以减损与职务发明报酬合同有关的规定，特别是本法第 13（7）至（9）条规定。

还可以订立报酬合同，规定将来在未来创造或者使用发明人的发明（针对风险分担的服务发明报酬合同）的固定金额的报酬。

（3）［已废止］

第16条

（1）关于委托发明或者雇员发明发生争议的，以及因发明的保密问题或者由于发明人的职务或者雇员发明而产生的报酬问题，均由法院处理。

（2）匈牙利知识产权局的知识产权工业产权专家（参照本法第115T条）还应就保密和报酬的发明专利性事项向发明人提供专家意见。

（3）［已废止］

第17条

对于公务人员、在职人员或者在就业性法律关系框架内工作的合作性成员创造的发明，参照适用本法第9条至第16条的规定。

◆ **专利保护的确立**

第18条

（1）专利保护应从专利申请的公布日开始起算。

专利保护从申请之日起应具有追溯效力。

（2）公布保护是临时的。

授予申请人发明专利的，保护具有确定性。

◆ **专利授予的权利**

第19条

（1）专利保护应授予专利持有人（专利权人）实施专利的专有权。

（2）根据实施专有权，专利权人有权阻止任何未获得同意的人实施下列行为：

（a）制造、使用、销售或者许诺销售发明客体的产品，或者为此目的存储或者进口产品；

（b）使用发明客体方法，或者其他人知道或者在这种情况下显而易见知道，未经专利权人同意，不能使用该发明方法，也不提供他人使用该发明方法；

（c）制造、使用、销售、许诺销售，或者为此目的的存储或者进口依照专利方法直接获得的产品。

（3）根据实施专有权，发明之有权实施者以外的他人知道或者依相关情形显而易见，与该发明构成要素相关的工具（设备装置）适于且目的在于实施该发明的，则专利权人还有权制止任何人为实施该发明而擅自向该他人提供或许诺提供以上工具。

（4）本条第（3）款的规定不适用于所提供或者许诺提供的手段为主要商业产品时，除非供应商或者提供者故意诱使其客户履行本条第（2）款所述的行为。

（5）就本条第（3）款而言，实施不属于本条第（6）款所述实施专有权行为的人不得视为有权实施该发明的人。

（6）实施专有权不应扩大至：

（a）私下进行的行为或者不涉及经济活动的行为；

（b）为实验目的而作出的与发明客体相关的行为，包括构成该发明客体的产品的营销授权或者通过构成该发明客体的方法获得的产品所需的实验和测试；

（c）为个别病例，在药房根据医疗处方配制药物，或者准备与配制的药物有关的行为。

（7）在没有相反证据的情况下，如果产品是新的，且相同产品经由该专利方法制造具有实质可能性，并且专利权人通过合理努力仍无法判断该方法被实际使用过，则该产品应被视为通过专利方法获得。

特别是当专利方法是唯一已知方法时，该产品由专利方法制造具有实质可能性。

◆ 专利保护授予独占实施专有权的用尽

第20条

专利保护专有权不得扩至专利权人已经明示同意欧洲经济区域内投放市场的产品的行为，除非专利权人有正当利益反对进一步营销该产品。

◆ 关于专利保护生物技术发明所授权的权利和用尽该等权利的规定

第20A条

（1）在发明客体是具有具体特征的生物材料［参照本法第5A（1）条］作为发明的结果的条件下，实施专有权应延至来自具有相同特征并通过相同或者不同形式繁殖或者传播的生物技术材料的任何生物材料（参照本法第19条）。

（2）凡该发明的客体是能够产生具有发明结果的具体特征的生物材料

[参照本法第5A（1）条]的方法，排他性的专有权（参照本法第19条）应延至通过该方法直接获得的任何生物材料，以及通过相同或者发散形式的传播或者繁殖而从直接获得的生物技术材料衍生的并且具有相同特征的任何其他生物材料。

（3）发明的客体是含有或者由遗传信息组成的产品的，除本法第5A（3）条规定外，则独占实施专有权（参照本法第19条）应适用于所有材料：

（a）包含产品；和

（b）包含遗传信息并执行其功能。

（4）本条第（1）至（3）款所述专利保护所授权的专有权利不得扩展或者明示由专利权人在欧洲经济区领土上投入市场的通过生物材料传播或者繁殖而获得的生物材料，其中传播或者繁殖必然是由生物材料销售的使用而产生的，条件是获得的材料不会随后用于其他传播或者繁殖。

（5）通过减损本条第（1）至（3）款的规定，专利权人对农民出售或者其他形式的植物传播材料的商业化表示同意，意味着授权农民将其收获的产品用于繁殖，或者在其自己的农场繁殖。

（6）农民根据本条第（5）款有权减损的程度和条件应受理事会关于"共同体植物多样性权利"的第（EC）2100/94号条例第14条调整。

（7）通过减损本条第（1）至（3）款规定，专利权人对农民出售或者其他形式的植物传播材料的商业化表示同意，意味着授权农民将其收获的产品用于繁殖，或者在其自己的农场繁殖。

这包括动物或者其他动物繁殖材料的使用，以追求其活动的目的，但不得延至在框架内出售或者为商业复制活动的目的。

农民有权享有的减损的程度和条件应受具体立法规定的调整。

◆ **专利保护的限制**

第21条

（1）在优先权日之前，本国境内的任何人在其经济活动范围内，善意地开始制作或使用包含该外观设计的产品或为此目的做了充分准备的，享有在先使用权。

（2）在证明在先使用是基于获得专利产品的发明活动之前，在先使用者应被视为善意使用者。

（3）专利保护不得对抗对于使用者在优先权日之前已经存在的制造、使用或者准备的行为。

在先使用权只能与获授权的经济组织［参照民法典第 685（c）条］一起转让，或者与进行制造、使用或者准备的该部分经济组织一起转让。

（4）行为人在宣布专利保护失效和其恢复期间在本国境内和其经济活动范围内开始制作或使用发明客体或者为此进行认真准备的，享有继续使用的权利。

有关继续使用的权利，参照适用本条第（3）款的规定。

（5）在互惠的情况下，专利保护对于在该国境内临时过境的通信和运输方式，或者对本国不打算投放市场的外国货物无效。

匈牙利知识产权局局长有权就互惠事宜作出裁决。

◆ 专利保护期限

第 22 条

从申请日起，专利保护期限为二十年。

◆ 补充保护

第 22A 条

（1）在《欧洲共同体条例》规定的情况、条件和期限，由于到期而使专利保护失效后，应给予该发明的客体以补充保护。

（2）有关执行本条第（1）款所述共同体条例的细则，应由具体立法规定。

（3）本条第（1）款所述的共同体条例或者本条第（2）款所述具体立法没有相反规定的，对于补充保护证书相关事项，参照适用本法规定。

（4）在补充保护证书的期限内应缴纳年费续期费。

年费的缴纳期限为每年与基础专利申请日相对应之日历日的前一日。

颁发证书之前的年费也可以在授予决定作出后六个月的宽限期内缴纳，而所有其他年费可以在到期付款之日起六个月的宽限期内缴纳。

◆ 专利保护的维持

第 23 条

（1）年度专利费由具体立法确定，在专利保护期内予以缴纳。

首年费用应在申请日到期，随后年度的费用应在申请日的周年日预先缴纳。

（2）在专利申请公布之前到期的年费也可以在公布之日起六个月的宽限期内缴纳，在根据作为分类数据处理的申请授予专利之前到期的年费也可以在授予决定终止之日起六个月的宽限期内缴纳，而所有其他年费也可能在到期日的六个月宽限期内缴纳。

◆ **专利保护范围**

第 24 条

（1）专利授予的保护范围由权利要求书确定。

权利要求书应基于说明书和附图进行解释。

（2）专利保护应涵盖权利要求产品或者制作过程中所体现的所有技术特征。

（3）权利要求书的条款不得仅限于严格的字面性措辞，权利要求书也不应被视为本领域技术人员确定所要求保护的发明的唯一准则。

（4）为了确定专利保护是否延至某一产品或者方法，应适当考虑产品或者方法的任何与权利要求中规定相同的特征。

◆ **所有权继受**

第 25 条

（1）源自发明和专利保护的权利（道德权利除外）可以转让、让与和抵押。

（2）抵押合同必须以书面形式作出，在专利登记簿中登记后，抵押权成立。

◆ **专利和共同专利的共同权利**

第 26 条

（1）同一专利有两个以上的专利权人的，每个共同专利权人可以行使自己的权利。

一名共同专利权人希望处置其份额的，其他共同专利权人针对第三方享有优先权。

（2）发明可由任一共同专利权人单独实施；但是，其有义务按其份额向其他共同专利权人支付适当的报酬。

(3) 专利实施许可只能由共同专利权人共同授予第三方。

根据民法一般规定，法院裁决可以取代集体同意。

(4) 如有疑问，所有共同专利权人的份额应视为相等。

一名共同专利权人放弃专利保护的，其他共同专利权人的权利应根据其自身份额按比例扩大其份额。

(5) 共同专利权人中的任何一方也可以单独维持和保护专利权。

其法律行为，除了和解、承认权利要求和放弃权利外，对于没有遵守期限或者履行必要行为的任何其他共同专利权人具有约束力，但条件是该其他共同专利权人随后未补救其不作为。

(6) 共同专利权人的行为有分歧的，应在程序中考虑到所有其他相关事实后作出决定。

(7) 与专利有关的费用由共同专利权人按其份额比例承担。

共同专利权人在收到通知后仍不缴纳其应缴纳的费用的，已缴纳该等费用的共同专利权人可以主张向其转让属于未履行其义务的共同专利权人的份额。

(8) 有关共同专利的规定，参照适用于共同专利申请。

第三章 专利实施合同

◆ 专利实施合同的订立

第 27 条

(1) 根据专利实施合同（专利许可合同），专利权人向他人许可实施发明的权利，实施该发明的人（被许可人）应缴纳特许权使用费。

(2) —（3）[已废止]

◆ 当事人的权利和义务

第 28 条

(1) 专利权人在专利实施合同的整个期间内确保第三方不具有防止或者限制行使专利实施权的权利。

针对该责任，应参照适用民法典中关于权利担保的规定，但被许可人可以立即终止合同，而非撤回。

（2）专利权人也应对该发明的技术可行性承担责任。

针对该责任，应参照适用民法典中关于瑕疵责任的规定，但被许可人可以立即终止合同，而非撤回。

被许可人还可以根据违约责任规则对技术不可行性提出损害赔偿。

（3）专利实施合同应涵盖所有专利权利要求和各种形式的实施，无论其程度为何，不受时间或区域限制。

（4）专利实施权仅在合同明确规定的情况下才具有独占性。

在独占实施许可的情况下，除非经合同明确排除，除了获得独占实施权的被许可人之外，专利权人也可以实施该发明。

若被许可人在规定条件下的合理期间内没有实施，专利权人可以终止许可证的独占性，但应按比例减少特许权使用费。

（5）专利权人应当告知被许可人涉及专利的第三方权利和任何其他重要情况。

但是，只有在明确同意的情况下，其才有义务转让经济、技术和组织的专有知识。

（6）被许可人只有在获得专利权人明示同意的情况下，才可向第三方转让许可或授予分许可。

（7）专利权人应当维持专利。

◆ 专利实施合同的终止

第 29 条

合同期限届满或者有特定情况发生或者专利到期时，专利实施合同自此终止。

◆ 与专利实施合同有关的规定的效力

第 30 条

（1）当事人可以通过双方的同意在法律未禁止的情况下减损与专利实施合同有关的规定。

（2）［已废止］

第四章 强制许可

◆ 因未实施而施加强制许可

第31条

在专利申请提交之日起四年内或者专利授权三年内,以较晚发生者为准,专利权人未在本国境内实施发明以满足国内需求,或者其尚未进行认真的准备或者没有为此授予许可证的,应向申请人授予强制许可,但专利权人证明缺乏实施是正当的除外。

◆ 针对从属专利的强制许可

第32条

(1) 一项专利发明的实施必然侵犯另一专利权的(以下称"主专利权"),应当根据请求在实施主专利权所必需的范围内,向从属专利的持有人授予强制许可,条件是在从属专利中主张的发明针对主专利权所主张的发明涉及重大经济利益的显著技术进步。

(2) 凡根据本条第(1)款针对主专利权授予强制许可的,该专利的持有人有权以合理的条件获得依照强制许可的一般规定实施从属专利所主张发明的许可。

(3) 若实施第十三章规定的植物品种保护的客体也必然侵犯另一专利的,参照适用本法第33(1)和(2)条的规定。

◆ 关于因未实施而授予强制许可和针对从属专利的一般规定

第33条

(1) 强制许可申请人必须证明已满足授予强制许可的要求,而且:

(a) 专利权人不愿意在适当的条件下和在合理期间内授予实施专利的自愿许可;

(b) 申请人能够在要求的范围内实施该发明。

(2) 强制许可只能用于必要的实施以满足国内需求;强制许可不得享有独占实施权。

强制许可的范围和期限应由法院确定,并应当考虑强制许可授权使用的目的；授予强制许可可以附加或不附加限制。

除非放弃或者撤销，强制许可在法院规定的有效期届满或者直至专利保护失效之前有效。

强制许可应登记在专利登记簿中。

（3）对强制许可，专利权人应当获得适当补偿，如果当事人未就该补偿金额达成一致的，应当由法院确定。

补偿应当充分考虑强制许可的经济价值。

特别是，其应与强制许可持有人基于与专利权人订立的专利实施合同本应支付的特许权使用费相称，并考虑发明所在技术领域的许可条件。

（4）强制许可持有人在专利维护和行使保护权利方面享有与专利权人相同的权利。

（5）强制许可持有人不再存在或者其任何组织单位分立的，强制许可应转移至其权利继受人。

针对主专利授予的强制许可只能与从属专利一起让与。

但是，强制许可不得让与或者转让给任何其他人。

强制许可的持有人不得授予实施许可。

（6）强制许可持有人可随时放弃其强制许可。

持有人在强制许可的最终授权后一年内不开始实施的，专利权人可以主张修改或者撤销强制许可。

（7）强制许可所依据的情况不再存在且不太可能再发生的，专利权人可以要求修改或者撤销强制许可。

修改或者撤销的形式不得损害强制许可持有人的合法权益。

◆ **应对公共健康问题的强制许可**

第33A条

（1）匈牙利知识产权局将根据欧洲议会和欧盟理事会2007年5月17日第816/2006/EC号《关于强制许可专利以制造药品供出口到面临公共健康问题的国家的条例》（以下称"第816/2006/EC号条例"）中规定的情况和条件，授予实施发明的强制许可。

（2）被许可人不得根据本条第（1）款项下的强制许可授予专利实施许可。

（3）被许可人可随时放弃本条第（1）款项下的强制许可。

除非放弃或者取消，否则本条第（1）款项下的强制许可在匈牙利知识产权局确定的有效期届满或者直到专利保护失效前均具有效力。

第五章　发明和专利的侵权

◆ 发明侵权

第 34 条

非法从他人专利中获取专利申请或者专利的客体的，受害方或者其权利继受人可以要求获得声明，表明其对专利享有全部或者部分权利，并可以根据民事责任的规定主张损害赔偿。

◆ 专利侵权

第 35 条

（1）非法实施专利发明的，是专利侵权行为。

（2）专利权人可以根据案件的情况，诉诸下列民事救济：

（a）可以请求法院认定侵权事实；

（b）可以要求发布禁止令，要求侵权人停止侵权或者其他直接威胁的行为；

（c）可以要求侵权人提供涉嫌侵权产品生产和分销的人员的身份或者提供侵权服务及其分配渠道的资料；

（d）可以要求侵权人通过声明或者其他适当方式来满足其需求；如有必要，侵权人应公开声明或由其承担费用；

（e）可以要求放弃因专利侵权而获得的利益；

（f）可以要求扣押、转让给他人、召回、最终从商业渠道移除或者销毁侵权产品以及专门或者主要用于侵权的手段和材料。

（3）专利侵权的，专利权人也可以根据民事责任规定要求赔偿。

专利权人未根据本法第 84H 条提供欧洲专利说明书译本，并且侵权人在匈牙利境内居住或者有住所的，在专利权人符合本法第 84G（2）条的规定，或者匈牙利知识产权局根据本法第 84H（10）条向公众提供关于根据本法第 84H（10a）条提交翻译的信息前，侵权人不对侵权行为负责，但专利权人证明侵权人在没有译本的情况下可能已经了解欧洲专利说明书的情况除外。

（4）专利权人也可以针对在侵权活动中使用其服务的任何人提出本条第（2）（b）款所述主张。

（5）专利权人还可以向符合下列情况的任何人提出本条第（2）（c）款所述主张：

（a）被发现在商业层面上拥有侵权商品；

（b）被发现在商业层面上提供侵权服务；

（c）被发现在商业层面上提供用于侵权活动的服务；

（d）本款（a）至（c）项所述人员表示其涉及生产或者分销侵权产品或者提供侵权服务。

（6）就本条第（5）（a）至（c）款而言，从侵权商品或者服务的性质和数量显而易见，且该等行为是为了直接或者间接的经济或者商业优势而实施的，属于在商业层面上实施该等行为。

在没有相反证明的情况下，消费者善意实施的行为不应被视为在商业层面实施的行为。

（7）根据本条第（2）（c）款和第（5）款的规定，侵权人或者第（5）款所述人员可能被特别要求提供下列信息：

（a）侵权产品或者服务的生产商、分销商、供应商和持有人的名称（姓名）和地址以及预期或者涉及的批发商和零售商；

（b）生产、交付、接收或者订购侵权商品或者服务的数量，以及为有关商品或者服务获得或者给出的价格。

（8）应专利权人的请求，法院可裁定移除或（如无法移除）销毁被扣押、召回、确定从商业渠道移除的工具、材料和商品的侵权性质。

在合理的情况下，法院可以命令，不予以销毁，而是按照司法执行程序拍卖扣押的工具和材料；在该等情况下，法院应决定如何使用所得金额。

（9）扣押侵权活动和侵权商品所用的工具和材料即使并非由侵权人持有，但持有人知道或者有合理理由知道其侵权性质的，应允许进行扣押。

（10）法院应命令本条第（2）（f）款和第（8）款所述措施由侵权人承担费用，但特定案件情况证明可不遵守该规定的除外。

在命令召回和明确从商业渠道移除或销毁时，法院应考虑到第三方的利益，并确保措施与侵权行为的严重性相称。

（11）应专利权人的请求，法院可以命令将其决定公开，费用由侵权人承担。

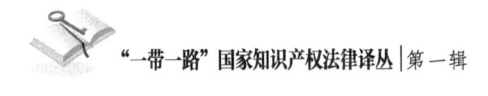

法院应当就公开的方式作出决定。

公开特别指在国家日报或者互联网上公开。

◆ 针对专利侵权的海关诉讼

第 35A 条

发生专利侵权的，专利权人可以根据具体立法规定，请求海关当局采取行动，防止侵权商品投放市场。

◆ 专利侵权中申请人和被许可人的权利

第 36 条

（1）享有临时保护的申请人也可以提起专利侵权诉讼；但是，在诉讼过程中，该申请程序应暂停，直至授予专利的决定成为最终决定为止。

（2）在专利侵权的情况下，协议许可的持有人可以要求专利权人采取适当行动，以制止侵权行为。

专利权人在要求后三十日内未能采取行动的，在专利登记簿登记的被许可人可以自己的名义提起专利侵权诉讼。

◆ 针对无侵权行为的裁定

第 37 条

（1）认为他人会针对自己提起侵权诉讼的，可以先于该诉讼请求作出裁决，认定其已实施或者准备实施的产品或者方法不侵犯其指明的特定专利。

（2）针对不侵权作出最终裁决的，对同一产品或者方法不得基于具体专利提起侵权诉讼。

第六章 专利保护的失效

◆ 专利临时保护的失效

第 38 条

有下列任一情形的，专利临时保护期限届满：

(a) 专利申请被明确拒绝的；

（b）在宽限期届满时仍未缴纳年费的；

（c）申请人放弃了保护的。

◆ **绝对专利保护的失效**

第 39 条

有下列任一情形的，绝对专利保护于下列时间失效：

（a）保护期届满的，期限届满第二日；

（b）宽限期结束时仍未缴纳年费的，到期日后的第二日；

（c）专利权人放弃保护的，收到弃权之日的第二日或者放弃保护之人指定的较早日期；

（d）专利权被撤销的，其效力追溯至申请的提交日期。

◆ **专利保护的恢复**

第 40 条

（1）专利保护因未缴纳年费而失效的，专利保护应经申请人或者专利权人申请恢复。

（2）专利保护的恢复可在宽限期届满后三个月内提出。

应在该期间内缴纳具体立法规定的费用。

◆ **专利保护的放弃**

第 41 条

（1）登记在专利登记簿上的申请人或者专利权人可以通过向匈牙利知识产权局提交书面声明放弃专利保护。

（2）弃权影响源自立法、权威性裁决、许可证合同或者在专利登记簿上记录的任何其他合同的第三方权利的，或者专利登记簿中记录的诉讼的，则只有经有关当事人同意，方可生效，但本法另有规定的除外。

（3）也可以放弃特定专利权利要求。

（4）对专利保护放弃的撤回行为，不具有法律效力。

◆ **专利权的撤销和限制**

第 42 条

（1）有下列情形之一的，应撤销专利权：

（a）专利的客体不符合本法第 6（1）（a）条规定的要求的；

（b）说明书未按本法的要求明确、完整地披露该发明［参照本法第 60（1）条］的；

（c）专利的客体超出了在申请日提交的申请的内容，或者在分案申请情况下超出分案申请的内容的；

（d）专利授予根据本法没有资格获得授权的人的。

（2）撤销理由仅影响部分专利权的，撤销应当以对专利进行相应限制的形式予以公告。

（3）最终决定驳回撤销请求的，任何人不得以同样理由再次启动撤销同一专利的新程序。

◆ **要求归还许可使用费**

第 43 条

确定性专利保护自始无效的，仅可要求归还向专利权人或者发明人支付的其实施该发明所得利润未涵盖的部分许可使用费。

第六 A 章　民法典规定的适用

第 43A 条

（1）本法未涵盖的下列事项：

（a）源自发明和专利保护的权利以及专利的共有权利和共有专利保护的权利的转让、让与、质押；

（b）职务发明报酬合同；

（c）实施合同（许可协议）；以及

（d）其他有关专利的精神和经济问题，应受民法典的规定调整。

（2）发明人有权根据民法典对任何对其作者身份提出异议或者其他侵犯其发明精神权利的人提起法律程序。

第二部分　匈牙利知识产权局针对专利相关事项的程序

第七章　关于专利程序的一般规定

◆ 匈牙利知识产权局的权限

第44条

（1）［已废除］

（2）匈牙利知识产权局对下列专利事项拥有权限：

(a) 专利的授予；

(b) 关于专利保护失效以及专利保护恢复的决定；

(c) 专利的撤销；

(d) 针对不侵权的决定；

(e) 专利说明的解释；

(f) 备存专利申请和专利登记簿，包括涉及其维持的事项；

(g) 有关专利事项的官方信息。

（3）匈牙利知识产权局对源自适用与欧洲专利申请和欧洲专利（参照本法第十A章）和国际专利申请（参照本法第十B章）相关规定的事项拥有权限。

（4）匈牙利知识产权局还应当处理具体立法规定的补充保护证明。

（5）匈牙利知识产权局还应当处理与第816/2006/EC号条例［参照本法第33A（1）条］适用的强制许可有关的事项（参照本法第83A至83H条）。

◆ 公共行政程序一般规则的适用

第45条

（1）匈牙利知识产权局应适用《公共行政程序法》的规定，处理属于其权限范围内的专利事项，但本法另有规定的除外。

（2）在没有相反立法规定的情况下，匈牙利知识产权局应根据请求按照其自身权限处理专利事务。

(3)《公共行政程序法》中关于（按照职权或者根据要求发布的）涉及程序开始和首次联系的通知和公告的规定，不适用于专利事务。

(4)《公共行政程序法》关于所有权继受的规定不适用于专利事务。

(5)《公共行政程序法》关于诉诸调解人的规定不适用于专利事务。

◆ **知识产权局的决定**

第46条

(1)［已废除］

(2) 在撤销程序中，在不侵权认定程序中，以及（在本法没有相反规定的情况下）在与适用第816/2006/EC号条例［参照本法第33A（1）条］的强制许可相关的程序中（参照本法第83A至83H条），匈牙利知识产权局应委任三名成员组成委员会进行听证并作出决定。

匈牙利知识产权局还将以三人委员会的形式就专利说明书的解释提出专家意见。

委员会实行多数决。

(3) 匈牙利知识产权局的决定于送达时生效，但要求复审的除外。

(4) 有下列情形之一的，匈牙利知识产权局的决定应公告送达：

(a) 当事人的地址或者营业地点（业务机构、分支机构）不明的；

(b) 邮件被退回，注明当事人下落不明或者地址未知的。

(5) 公告应当于同一天在官方公报和匈牙利知识产权局网站上公布。

公告送达的决定应在通知发布后第十五日视为送达。

但在与公告送达决定有关的任何其他事项中，应适用《公共行政程序法》的规定，但邮寄应指公告的公布。

(6) 适用本法第51（1）条规定的，所有决定均应送交代理人。

(7)《公共行政程序法》与公告决定有关的规定不适用于专利事务。

◆ **事实的成立**

第47条

(1) 匈牙利知识产权局在其席前进行的程序中，应自行审查事实，但本条第（2）款规定的情况除外，且其审查不限制当事人的指控。

(2) 在撤销程序中，在认定不侵权的程序中以及在本法第83E至83G条规定的程序中，匈牙利知识产权局应在请求的范围内基于当事人的指控和声明以及其核实的数据对事实进行审查。

（3）匈牙利知识产权局的决定只能以有关各方有机会提出意见的事实或者证据为依据；但是，当事方未及时提交的事实或者证据可不予考虑。

（3a）在撤销程序中，在认定不侵权的程序中以及在第83B至83D条与第83F和83G条规定的程序中，当事人应向匈牙利知识产权局提交文件的份数，应比程序相对方的人数多一份。

多名当事人委托一名共同代理人的，应考虑提交一份文件；在针对职务发明授予专利的情况下，在确定撤销请求的必要文件份数时，发明人应被视为对立方。

请求的每份附件应随附每份请求文本。

客户提交的请求或者其附件的份数少于法律规定的，且在本条第（4）款规定的违规行为没有得到纠正的情况下，应视为撤回撤销请求、认定不侵权的请求以及本法第83B（1）、83F（1）和83G（1）条项下的请求，专利权人的声明应视为未提交。

（4）在通知有关不作为的法律后果的同时，应要求或者通知各方当事人纠正在专利事务中提交文件的违规之处。

匈牙利知识产权局可以根据需要，依职权安排纠正摘要中的违规之处或者重写摘要。

（5）不得针对专利事务举行公开听证。

◆ 期限

第48条

（1）本法规定的期限不得延长。

不遵守该等期限将引起的法律后果，无须另行通知。

（2）本法未规定纠正违规行为或者提交陈述的期限的，应确定期限为至少两个月但不超过四个月，可以在期限届满前根据要求延长至少两个月，但不得超过四个月。

在特别合理的情况下，可以多次延长，且每次可延长超过四个月，但不得超过六个月。

（3）在未遵守本条第（2）款所述期限的情况下，可以在通知由于未遵守而作出的决定之日起两个月内要求继续程序。

（4）在提交继续程序的请求的同时，应同时完成没有作出的作为。

（5）匈牙利知识产权局允许继续程序的请求的，由违约方完成的行为应视为在未遵守的期限内实施，且由于未遵守而作出的决定应按需要全部或者部分撤销或者修改。

（6）在撤销程序、认定不侵权程序和本法第 83E 至 83G 条规定的程序中，不能请求继续程序。

（7）《公共行政程序法》规定的行政期限不适用于专利事务，也不适用于《公共行政程序法》针对诉讼程序其他措施的期限规定。

（8）在专利事务中，通过邮寄提交文件的提交日期是将文件交付匈牙利知识产权局的日期。

在匈牙利知识产权局确定的期限之后交付文件的，如果该文件是在期限届满前以挂号邮件邮寄的，则应当视为在规定期限内提交，但文件是在该期限届满后两个月提交的除外。

◆ 恢复原状

第 49 条

（1）在专利事务中，除非根据本条第（6）或（7）款予以排除，如果未遵守期限非因当事人的过错造成，可以在未遵守日期或未遵守期限最后一日后两个月内提交恢复原状的请求。

请求必须提供未遵守期限的合理理由且未遵守期限是非因当事人的过错造成。

（2）逾期不履行的，或者事后被撤销的，应当从逾期不履行的日期或者被撤销之日起算。

恢复原状的请求只在不遵守之日或不遵守期间最后一日后的十二个月内提出方可接受。

（3）未能遵守《保护工业产权巴黎公约》第 4 条针对提交为主张优先权所必要的申请而规定的或为主张国内优先权［参照本法第 61（1）（c）条］而规定的十二个月期间的，在该期限的最后一日起的两个月内，可以接受恢复原状的请求。

（4）凡不符合时限的，没有作出的行为必须与提交恢复原状的请求同时进行。

（5）匈牙利知识产权局同意恢复原状的，由违约方进行的行为应视为在未遵守的期限内履行；在未遵守的日期举行的听证必要时应予以重复。

由于未遵守时限而作出的决定，在必要时或者根据新听证的结果，应全部或者部分撤销、修改或者维持。

（6）不遵守以下时间限制的，应排除恢复原状：

（a）针对提交恢复原状请求和继续程序的请求所规定的时限［参照本条第（1）至（3）款和本法第48（3）条］；

（b）针对提交和纠正优先权声明的时限［参照本法第61（2）和（6）条］。

（7）未遵守时限的后果可通过继续程序的请求予以避免的，不得接受恢复原状［参照本法第48（3）至（6）条］。

◆ 中止程序

第50条

（1）针对专利申请权或者专利权提起法律诉讼的，专利程序将被中止，直至法院作出终局判决。

裁定专利案件争议取决于另一机关权限范围内对该事项进行考虑的程序的，匈牙利知识产权局应中止专利程序。

（2）一方当事人死亡或者法人解散的，诉讼程序将被中止，直至权利继受人被通知，且主张被证明正当。

权利继受人根据案件的情况在合理的时间内没有收到通知的，匈牙利知识产权局将中止程序，或者根据其所掌握的材料作出决定。

（3）在其职权范围内的另一紧密联系的程序未作判决前，案件无法基于确实理由进行判决的，匈牙利知识产权局应当事人的请求或者依职权应中止专利程序。

（4）专利授权程序不得应申请人的要求中止，除非适用本条第（1）或（3）款的规定。

（5）程序中止将中断所有期限，期限自中止之日起重新开始。

（6）即使对于中止程序，匈牙利知识产权局可以决定中止不得影响正在进行的程序性行为以及针对其履行确定的时限。

◆ 代理

第51条

（1）在国际条约没有相反规定的情况下，外国申请人应由获得授权的专利律师或者律师代理在匈牙利知识产权局职权范围内的所有专利事务。

（2）委托书应书面做成。

对于向专利律师、律师、专利律师事务所、专利律师合伙或者律师事务所（无论国内还是国外）发出的委托书的有效性而言，委托人的签名足以使其有效。

委托书也可以是一般授权，代理人可以据此处理匈牙利知识产权局职权范围内以委托人为一方当事人的所有专利案件。

授予律师事务所、专利律师事务所或者专利律师合伙的委托书，应被视为授予任何证明其在该事务所或者合伙框架内工作的人的授权书。

（3）匈牙利知识产权局应从多名专利代理人和律师中指定一名受托人：

（a）对于其继承人未知或者其本人下落不明的，应对方要求；或

（b）对于外国当事人没有授权代理人的，应对方要求。

（4）该外国人是在欧洲经济区成员国境内拥有永久居住地或者住所的自然人或者法人的，本条第（1）款和第（3）（b）款不适用。

（5）本条第（3）（b）款和第（4）款的规定不适用，且外国人不符合本条第（1）款的规定的，匈牙利知识产权局应参照适用本法第68（2）至（4）条的规定，除非作为对立方参加该程序的外国人不符合本条第（1）款的规定，则应根据其所掌握的材料针对该要求进行裁定。

（6）要求委任的一方应被要求预付受托人的费用和报酬。

◆ **使用的语言**

第52条

（1）专利程序的语言应为匈牙利语，带权利要求的专利说明，以及附图和摘要的任何文字，在没有本法另行规定的情况下，均应为匈牙利语。

（2）在专利事务中，也可以提交外文文件；但是，匈牙利知识产权局可能要求提交匈牙利语译文。

只有翻译的准确性或者外国文件所含事实的真实性有充分怀疑理由的，才可能要求经公证的翻译。

（3）只有优先权主张的有效性会影响发明可专利性决定的，才可以要求提交优先权文件［参照本法第61（4）条］的匈牙利语译文。

申请人可以不提交优先权文件的译文，声明专利申请仅是对外国申请的翻译。

本法第 61（5）条的规定也适用于优先权文件的翻译。

◆ **档案查阅**

第 53 条

（1）在专利申请公布前，只有申请人及其代理人、专家或者被要求发表专家意见的机构以及（有必要执行本法规定其任务的）法院、检察机关或者调查机关可以查阅档案。

发明人即使不是申请人也可以查阅档案。

公布之后，除本条第（2）款规定外，任何人均可查阅专利申请的档案。

（2）除《公共行政诉讼法》规定的案件外，公布以后亦不得查阅以下内容：

（a）用于作出决定和专利意见但未向当事人告知的文件；

（b）显示发明人身份但发明人要求不公布其姓名的文件；

（c）专利登记簿未显示且未在官方信息中告知的个人数据，除非有关人员明确批准查阅，或者第三人根据《公共行政程序法》的规定获允许查阅含有个人数据的文件。

（3）缴纳费用后，法院、检察机关或者调查机关未要求的，匈牙利知识产权局将发给可查阅文件副本。

（4）专利事项程序仅在有对立方参与的情况下才公开。

（5）国防或者国家安全有具体要求的，匈牙利知识产权局局长可以在具体立法规定的程序中及根据对具体立法有权限的部长的建议，对专利申请进行保密分类。

（6）根据国际条约产生的义务，匈牙利知识产权局局长应不遵守本条第（5）款所述程序对专利申请进行保密分类。

（7）专利申请进行保密分类的，申请人和发明人即使在未获得使用授权或了解其内容的情况下，仍有权查阅其专利申请。

（8）专利申请进行保密分类的，根据本法第 56 条和第十 A 至十 B 章的规定不得向公众提供任何信息。

（9）专利申请进行保密分类的，提出保密分级的部长，除本条第（10）款规定外，应在专利授予后合理期间内与申请人订立以其领导的部门或（在该部门没有部长的情况下）领导负责政府协调的部门的部长为受益人的确保独占实施权的实施合同。

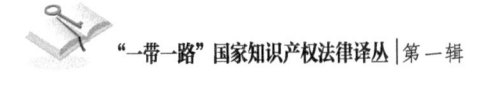

当专利保护失效或者（较早发生的）专利权不再保密的，实施许可合同到期。

被许可人应负责维持专利保护。

许可使用应缴纳的费用应相当于该发明客体所属技术领域的许可条件项下普遍的许可使用费相当。

合同应当规定，即使被许可人在特定情况下，在合理的期限内未开始实施，也应缴纳相应的金额。

专利权人还有权针对申请提交日和专利授予日期间获得费用。

（10）专利申请根据本条第（6）款进行保密分类的，本条第（9）款的规定不适用。

（11）国际协议明确允许的，在根据本条第（6）款对专利申请进行保密分类之前，匈牙利知识产权局局长应通知申请人以书面声明放弃针对申请进行保密分类而主张赔偿的权利。

申请人不放弃其权利的，或者在规定的期限内不回复要求的，专利申请被视为撤回。

（12）匈牙利国家只有在匈牙利启动保密分类的情况下才对本条第（6）款项下的专利申请保密分类的申请人进行赔偿，包括其要求延长保密分类或其阻碍在欧洲原子能共同体以外提出申请的情况。

（13）匈牙利知识产权局拒绝保密分类的专利申请的，匈牙利知识产权局局长应立即通知主管部长，同时要求主管部长针对撤销被拒绝申请中所述发明保密分类或者维持保密分类作出提议。

匈牙利知识产权局局长应根据主管部长的提议，针对撤销或者维持保密分类作出决定。

在维持保密分类的情况下，匈牙利国家应针对发明的保密分类向申请人进行赔偿。

◆ **法律救济**

第 53A 条

（1）针对匈牙利知识产权局的决定，不得提出上诉、复审和监督程序，以及根据《刑事指控法》通知检察官。

（2）匈牙利知识产权局关于专利事项的决定应由法院根据第十一章规定的非讼民事程序进行审查。

（3）在本法没有相反规定的情况下，只有在提出审查请求，且直至该请求移送至法院时，匈牙利知识产权局才可以撤销或变更其针对下列事项作出的决定，包括终止程序的决定：

（a）专利的授予；

（b）关于专利保护失效以及专利保护恢复的决定；

（c）专利的撤销；

（d）针对不侵权作出决定；

（e）适用第 816/2006/EC 号条例［参照本法第 33A（1）条］适用的强制许可的授予、变更和审查，以及查阅由被许可人保存的簿册和记录（参照本法第 83A 至 83G 条）；

（f）已公布欧洲专利申请中权利要求的翻译的公布、欧洲专利说明书译文的提交，以及翻译的修改。

（4）在本法没有相反规定的情况下，只有当匈牙利知识产权局认定其决定违反法律，或各方当事人一致要求变更或撤销决定时，方可根据审查请求撤销或变更其针对本条第（3）（c）至（e）款所列事项作出的决定（终止程序）。

（5）在不涉及对方当事人的情况下，匈牙利知识产权局可以根据审查请求撤销或者变更本法第 85（1）（b）至（e）条所界定的决定，如果该决定不违反法律；然而匈牙利知识产权局同意审查请求的内容。

（6）基于审查请求作出的决定，应通知请求人以及审查请求决定的相对人。

（7）针对正在变更和已变更的决定，应适用相同的法律救济。

◆ **司法执行**

第 53B 条

（1）《公共行政程序法》有关执行的规定应适用于匈牙利知识产权局施加程序性罚款的命令。

（2）匈牙利知识产权局关于分摊费用的决定，应通过适用 1994 年关于司法执行的第 53 号法律的规定予以执行。

◆ **成本和费用**

第 53C 条

（1）专利事项不得免除缴纳成本和费用。

（2）除了本法规定的缴纳费用的义务外，在专利事项中提交下列请求的，亦应缴纳行政服务费，其费用由具体立法规定，按照具体法规规定的详细规定缴纳：

（a）修改、延长期限和要求恢复原状或者继续执行程序的请求；

（b）登记所有权继承和实施许可的请求，设立抵押权的请求。

（3）在合理的情况下，与实施的实际代理不相称，匈牙利知识产权局可以减少由败诉方承担的专业代理人的费用金额。

在该情况下，匈牙利知识产权局应参照适用法院诉讼采用的律师和专利律师费用和支出的规定。

◆ **电子化管理和官方服务**

第 53D 条

（1）针对专利事项，程序的一方当事人，除本条第（2）至（3）款所述情况外，无权与匈牙利知识产权局进行通信，且匈牙利知识产权局没有义务以电子书面方式与该方进行通信。

（2）下列文件可以电子方式提交：

（a）专利申请；

（b）请求公开权利要求和权利要求匈牙利语译文；

（c）欧洲专利中权利要求的匈牙利语译文，欧洲专利文本的英语或者匈牙利语译文；

（d）请求更正（b）和（c）项提及的译文；

（e）请求将本法第 54（2）（d）至（f）条规定的事实变化登记在专利登记簿中；

（f）请求获得登记簿摘录；

（g）请求查阅文件。

（3）程序一方当事人依据本条第（2）（b）至（g）款的规定通过政府提供的验证服务，以电子方式提起程序的，匈牙利知识产权局应将对其请求作出的决定通知该方，或者以电子方式向其发送登记簿中经核实的摘录文本。

（4）本条第（2）款所述的文件可以用匈牙利知识产权局为此目的编制的电子表格以电子方式提交。

（5）一经收到以电子形式提交的文件，匈牙利知识产权局应依特别立法规定的方式，将包含电子收据编号的自动通知送达当事人。

（6）匈牙利知识产权局收到以电子形式提交的文件后，应立即审查其是否符合有关电子管理的法律规定。

（7）在电子发送的情况下，当电子收据的自动通知发送给该方时，该文件应被视为已经提交，除非匈牙利知识产权局确定收到的文件无法理解，并通过电子邮件通知该当事人。

（8）当事人提交的文件无法理解的，其有义务根据本条第（7）款的规定确认收到通知。

当事人在收到通知后十五日内未确认收到通知的，匈牙利知识产权局应向其发送电子邮件。

（9）电子提交本条第（2）款所述文件的详细规则应由具体立法规定。

（10）在专利事务中，通过短信请求和提供信息的一概不予受理。

◆ **专利法条约的适用**

第 53E 条

（1）《专利法条约》与本法第二部分冲突的情况下，除《专利法条约》另有规定外，适用对申请人和专利权人更有利的规定。

（2）在专利事项中提交的文件符合《专利法条约》规定的要求的，视为符合本法或根据本法针对同一主题规定的要求，但本法或根据本法制定的其他立法根据《专利法条约》项下授权规定的要求除外。

第八章　专利登记簿和信息公开

◆ **专利登记簿**

第 54 条

（1）匈牙利知识产权局应针对已公布的专利申请和专利备存专利登记簿，其中应根据本法第 55 条记录与专利权有关的所有事实和情况。

（2）专利登记簿应特别包含下列条目：

(a) 专利注册号；

(b) 参考编号；

(c) 发明的名称；

(d) 专利权人的姓名（官方名称）和地址（营业地点）；

（e）代理人的姓名和营业地；

（f）发明人姓名和地址；

（g）申请日期；

（h）优先权日；

（i）决定授予专利权的日期；

（j）缴纳的年费金额和付款日期；

（k）专利保护失效的法定依据和日期及专利的限制；

（l）实施许可和强制许可；

（m）专利权或者专利授予的权利属于信托管理资产的事实。

（3）专利登记簿真实地证明其中记载的权利和事实的存在。

在没有相反证据的情况下，专利登记簿中登记的权利和事实应推定为存在。

针对专利登记簿中所记录数据的举证责任，应由对其正确性或者真实性提出异议的人承担。

（4）与专利保护有关的任何权利，如记录在专利登记簿上，可针对善意并基于对价获得其权利的第三方提出。

（5）任何人均可查阅专利登记簿，匈牙利知识产权局应在其网站上提供电子访问权限。

任何人均可在缴纳费用后要求获得专利登记簿中所记录数据的认证副本。

◆ **专利登记簿中的条目**

第 55 条

（1）匈牙利知识产权局应根据其决定、其他当局的决定或者法院判决，在专利登记簿中进行记录；其亦应在专利登记簿中记录。

对于基于本法第 85（1）条所列决定登记的条目，专利登记簿应包含该等决定具有终局性的日期。

针对本法第 85（1）条所列任何决定提交审查请求的，亦应记录该实施以及该决定并非终局的事实。

（2）匈牙利知识产权局应基于书面提交的请求决定是否接受并记录与专利保护有关的权利和事实，但专利程序中产生的事实除外。

该请求应随附提供充分证据的官方文件或者私人文件。

针对相同案件提交相互排除的请求的，应按收到该等请求的日期进行处理。

（2a）匈牙利知识产权局应根据请求，基于专利登记簿中记录的所有发明人和提出请求的所有人的一致声明，或者基于随附请求的法院最终判决，变更专利登记簿中与发明人或创作者份额有关的条目。

（2b）本条第（2a）款适用于专利申请公布前，例外情况是，匈牙利知识产权局不是变更专利登记簿中的条目，而是将变更转至专利申请文件。

（3）请求基于因形式上不合规或者缺少法律要求的官方认证而无效的文件，或者从文件内容明显看出其中所含法律声明无效的，不得受理该请求。

（3a）专利权或者专利授予的权利已根据信托管理合同转让，但未与信托管理公司签署该信托管理合同，且请求未随附法律针对信托管理公司及其活动规定的登记证书的，不得受理登记所有权继承的请求。

（4）请求或者其附件包含可纠正的违规行为的，应要求申请人纠正或者提交意见。

纠正或者提交的意见仍不符合要求的，应驳回该请求。

申请人在规定的期限内没有对要求作出回应的，则该请求应被视为撤回。

◆ **信息公开**

第 56 条

匈牙利知识产权局的官方公报是"专利和商标公报"，其中应尤其含有与专利申请和专利相关的下列数据和事实：

（a）[已废止]

（b）在专利申请公布时，申请人和代理人的姓名和地址、申请的参考编号、申报日期和优先权日期（如后者有所不同）、（国际申请的）国际出版物编号和发明名称、发明人的姓名、发明的国际分类代码、具有特征图的摘要，以及在编制检索报告后是否发布出版物的声明；

（c）在专利授权后，登记编号、专利权人的姓名（正式名称）、地址（营业地点），代理人的姓名和营业地点，参考编号、申请日期、优先权日期、发明名称、专利的国际分类代码、发明人的姓名和地址，以及决定授予专利的日期；

（d）专利保护失效的法律依据和日期、专利的限制和专利保护的恢复。

第 56A 条

关于欧洲专利申请和欧洲专利以及第十 A 章和第十 B 章规定的国际专利

申请的官方信息也应在专利和商标公报中公布。

第九章　专利授予程序

◆ 专利申请的提交及其要求

第 57 条

（1）授予专利的程序应从向匈牙利知识产权局提交专利申请开始。

（2）专利申请书中应包含授权专利的请求、具有一项或者多项权利要求的发明的说明书、摘要，必要时还应有附图和其他相关文件。

（3）专利申请应该遵守由具体立法规定的具体形式要求。

（4）专利申请须缴纳特定立法规定的申请费和检索费，费用应在提交之日起两个月内缴纳。

（5）若组成专利申请的文件以外文编制的，具有权利要求的专利说明书、摘要和附图应自提交之日起四个月内提交匈牙利语译文。

（6）申请人可以根据本法第 41 条的规定，在公开前撤回专利申请。

第 57A 条

［已废止］

◆ 申请日

第 58 条

（1）专利申请日应为向匈牙利知识产权局提交的申请的日期，且至少包含以下内容：

（a）寻求专利的表示；

（b）表明申请人身份及与之联系的信息；

（c）说明书或者可视为说明书的文件，即使其不符合其他要求，或者对较早申请的提述。

（2）本条第（1）(a)和(b)款所述表示亦应以匈牙利语提交，以确定申请日。

（3）为了确定申请日，对较早申请的提述亦应以匈牙利语说明，提供较早申请的编号，并确定其提交的工业产权机构。

从提述中应可以看出，对确定申请日而言，其代替了提交说明书和附图。

（4）对确定申请日而言，代替说明书而提述较早申请的，应在收到含有该提述的申请后两个月内提交较早申请的副本，并且如果该较早申请是外语版本，应同时提交其匈牙利语译文。

对于该副本和翻译，参照适用本法第61（5）条的规定。

◆ **发明的单一性**

第59条

专利申请仅可以针对一项发明或者相互联系属于一个总的发明构思的一组发明寻求专利保护。

◆ **发明、权利要求和摘要的披露**

第60条

（1）专利申请应以足够清楚和详细的方式披露发明，以使其由本领域技术人员根据说明书和附图得以实施。

基因的序列或者部分序列的工业实用性应在专利申请中公开。

（2）发明涉及对公众无法使用或者涉及不属于本条第（1）款要求的公开的生物材料的，应以本法规定的具体的方式予以披露，条件是：

(a) 生物材料已按照本法第63条的规定交存；

(b) 提交的申请书中包含申请人可获得的关于交存生物材料特性的相关信息；

(c) 专利申请中记载了交存机构的名称和登录号。

（3）权利要求应根据说明书明确界定所寻求保护的范围。

（4）摘要仅用作技术资料，为了解释所要求保护的范围或者界定本法第2（3）条规定的现有技术的目的时，不得予以考虑。

◆ **优先权**

第61条

（1）确定优先权的日期应为：

(a) 一般来说，提交专利申请的日期（申请优先权）；

(b) 在《保护工业产权巴黎公约》所界定的情况下，提交外国申请的日期（公约优先权）；

(c) 提交同一主题事项的先前提交的待决且尚未公布的专利申请的日期，该日期不得早于本次提交前十二个月，但条件是其并未作为主张优先权的基础（国内优先权）。

（2）应从最早优先权声明之日起十六个月内，通过发布声明来声明公约优先权。

在此期限内也可要求更正优先权声明。

更正将影响所主张的最早优先权日的，则更正的十六个月期限应从所主张的最早优先权的更正日期算起，条件是其首先届满。

在任何情况下，可自提交申请之日起四个月内请求更正优先权声明。

（3）本条第（2）款不适用于申请人已在较早日期要求公布专利申请后[参照本法第70（2）条]，但随后撤回该请求但仍在为公布专利申请进行技术准备完成前的除外。

（4）确定公约优先权的文件（优先权文件）应自所主张的最早优先权日起十六个月内提交。

（5）优先权文件（国外申请的副本）基于国际条约或匈牙利知识产权局局长针对国际合作作出并在匈牙利知识产权局官方公报上公布的决定，以任何其他方式提供给匈牙利知识产权局，且被视为专利申请附件的，则视为已提交，无需单独提交。

（6）应在提交申请之日后四个月内主张国内优先权。

主张国内优先权的，视为撤回先前的专利申请。

（7）在适当的情况下，在一份专利申请中，可以针对任何权利主张多项优先权。

（8）针对一份专利申请主张一项或者多项优先权的，其优先权应仅包括根据本法第60（1）和（2）条确定优先权的申请所披露的技术特征。

（9）已在世界贸易组织的一个非《巴黎公约》缔约国的成员或者根据互惠在任何其他国家提交外国申请的，也可以根据《巴黎公约》规定的条件主张公约优先权。

就互惠而言，匈牙利知识产权局局长具有最终决定权。

◆ **实用新型申请的派生**

第62条

（1）申请人在较早日期已提交实用新型申请的，可以在提交同一主题事项专利申请之日起两个月内提出优先权声明,主张实用新型申请的提交日期和与此类申请有关的优先权(派生)。

(2) 专利申请的派生自实用新型保护授权最终决定之日起三个月内可以受理,但不迟于自实用新型申请之日起二十年。

(3) 实用新型申请来自欧洲专利申请或者欧洲专利的,派生不得受理。

◆ **存放和使用生物材料**

第63条

(1) 发明涉及使用公众无法获得的生物材料或者与公众无法获得的生物材料有关的发明,无法根据本法第60(1)条要求在专利申请中披露的,必须证明生物材料在不迟于根据《国际承认用于专利程序的微生物保存布达佩斯条约》提交专利申请之日起已被存放。

(2) [已废止]

(3) 本条第(1)款提及的证据应在最早优先权之日起十六个月内提交。

(4) 下列人员可以通过提供的样品获取存放的生物材料:

(a) 在专利申请公开前,根据本法第53(1)条获授权查阅文档的人员;

(b) 专利申请公开后专利权授予前,任何请求人;专利申请人为此请求的,则仅限于独立专家;

(c) 在专利授权之后,任何请求人;不论专利是否撤销或者废除。

(5) 获提供样品的人在专利授权程序终止之前或者在专利授权保护期届满之前,不得将样品或者其衍生的任何材料提供给第三方,除被许可人的强制许可以及申请人或者专利权人明确放弃行使该义务外,他可以将样品或者其衍生的材料仅用于实验目的。

材料具有保存的生物材料的特性,且该特性对实施专利是必需的,则该材料视为派生。

(6) 根据申请人的要求,申请被拒绝、撤回或者推定撤回的,则自专利申请提交之日起,独立专家访问存放材料限于二十年。

在这种情况下,适用本条第(5)款的规定。

(7) 申请人在本条第(4)(b)款和第(6)款中提到的请求只能在发布专利申请的技术准备视为已经完成的日期之前提交。

(8) 根据本条第(1)至(7)款规定存放的生物材料不再从承认的存托机构可获取的,应比照《布达佩斯条约》规定的条件批准新的材料存放。

(9) 任何新的存放应附有存放人的声明，证明新存放的生物材料与原始存放的相同。

(10) 生物材料可以由申请人以外的人存放，只要在专利申请中说明存放人的姓名和地址，并提交声明，指出存放人授权申请人在专利说明书中提及存放的生物材料，并对于根据本条第（1）至（9）款向公众提供的生物材料，作出无保留且不可撤销的同意。

◆ **展览声明和认证**

第 64 条

(1) 申请人可以根据本法第 3（b）条提出要求，当确定现有技术时，在下列情况下，不考虑其发明在展览上的展示：

(a) 在提交专利申请之日起两个月内提交此类声明；

(b) 在提交专利申请之日起四个月内提交文件，由负责展览的机构颁发的证书证明展出和展示日期。

(2) 证书必须附有描述，如有必要，附有负责展览的机构认证的附图。

(3) 证书只能在展览期间颁发，而发明或者其披露可以在展会上看到。

◆ **申请的审查**

第 65 条

提交专利申请后，匈牙利知识产权局应当审查：

(a) 该申请是否符合提交日期的要求（参照本法第 58 条）；

(b) 申请费和检索费是否已缴纳［参照本法第 57（4）条］；

(c) 说明、摘要和附图是否以匈牙利语提交［参照本法第 57（5）条］。

第 66 条

(1) 不能授予提交日期的，应要求申请人在两个月内纠正违规行为。

(2) 申请人在规定的期限内符合该要求的，则应当将收到纠正的日期作为提交日期。

不遵守上述要求的，收到的文件不得视为专利申请，专利申请程序终止。

(3) 在没有迹象允许与申请人联系的情况下，不得发出纠正违规行为的通知，纠正违规行为的两个月期限，应自收到申请之日起算。

(4) 说明书或者请求书中提及的说明书或者附图的部分内容在申请中存

在遗漏时，应要求申请人在两个月内予以纠正。

申请人不得援引该要求的遗漏部分。

(5) 申请人在提交日期之后但在该日期后两个月内或者在根据本条第(4) 款发出通知之日后两个月内提交说明书的缺失部分或者缺失附图的，则收到纠正的日期应视为提交日期，申请日应进行相应修改。

(6) 申请人根据本条第(5) 款纠正违规行为，并且申请声称包含缺少的描述部分或者缺失的附图的较早申请的优先权时，提交日期仍然是本法第 58（1）至（3）条规定的要求达到的日期，前提是申请人在本条第（5）款的期限内提交：

(a) 在先申请的副本；

(b) 其匈牙利语译文（如其中较早的申请是以外语提交的）；

(c) 关于说明书的缺失部分或者缺失的附图包含在以前的申请中或者在其翻译中的说明。

(7) 凡适用本法第 61（5）条的规定的，本条第（6）（a）和（b）款规定的要求应视为已经履行。

(8) 申请人在规定期限内未能符合本条第（6）款规定的要求的，补充提交说明书的缺失部分或者缺失附图的日期应视为提交日期，并且相应地修改提交日期。

(9) 申请人未在本条第（4）或（5）款的限期内提交缺少的说明书部分或者缺失的附图，或者根据本条第（11）款撤回根据本条第（5）款提交的说明书或者遗漏附图的任何遗漏部分，对本部分或者附图的提述，均被视为已经从申请人的说明书或者权利要求中删除。

以上情形应当通知申请人。

(10) 应通知申请人所设定的提交日期或者修改日期。

(11) 在根据本条第（5）或（8）款修改提交日期的通知后一个月内，申请人撤回对违规行为进行修改的说明书的缺失部分或者缺失的附图，视为未对申请日进行修改。

以上情形应当通知申请人。

(12) 申请费和专利检索费尚未缴纳，或者专利说明书、摘要和附图尚未以匈牙利语提交的，匈牙利知识产权局应通知申请人在本法第 57（4）和（5）条规定的期限内纠正违规行为。

未遵守上述要求的，申请应当视为撤回。

第 67 条

［已废止］

◆ 关于形式要求的审查

第 68 条

（1）专利申请符合本法第 65 条规定的要求的，匈牙利知识产权局还应审查本法第 57（2）和（3）条的形式要求是否得到满足。

（2）申请人不符合本条第（1）款规定的要求的，应当通知申请人纠正违规行为。

（3）纠正后仍然不符合检查要求的，驳回专利申请。

该申请只能基于通知中确切和明确说明的理由予以驳回。

（4）申请人在规定时限内没有回复通知的，专利申请将被视为撤回。

◆ 新颖性检索

第 69 条

（1）专利申请符合本法第 65 条规定要求的，匈牙利知识产权局应当进行新颖性的检索，并应根据请求书要求制定检索报告，并适当考虑说明书和附图。

（1a）针对全部或特定权利要求的专利申请不适合进行相关新颖性检索的，检索报告只能包含一份声明及其理由。

专利申请还包含适用于新颖性检索的权利要求的，匈牙利知识产权局将就此类权利要求准备部分检索报告。

（1b）专利申请不符合发明单一性要求（参照本法第 59 条）的，匈牙利知识产权局应就请求书中首先提到的部分发明或者涉及根据本法第 59 条规定的本发明构成联合体的发明准备检索报告。

匈牙利知识产权局应在实质审查期间通知申请人对专利进行分案申请（参照本法第 76 条）。

（2）检索报告应提及该等文件和数据，在决定专利申请所涉及的发明是否具有新颖性且涉及创造性活动时可以考虑该等因素。

（3）检索报告连同引用文件的副本一并送交申请人。

（4）应在匈牙利知识产权局的官方公报上于申请同时公布进行的检索，

或者随后才能获取检索报告的,则另行发布。

第69A条

(1) 应申请人要求,匈牙利知识产权局应起草一份附意见书的检索报告。

(2) 书面意见——也包含原因——初步确定考虑文件和检索报告中引用的信息,发明是否符合新颖性、创造性和工业应用的要求。

(3) 获得附意见书的检索报告的要求应在自提交日期起十个月内提出。

(4) 由具体立法规定缴纳附意见书的检索报告的费用。

(5) 不符合本条第(3)款要求的,附意见书的检索报告要求将被拒绝。

(6) 匈牙利知识产权局应起草附意见书的检索报告——除本条第(11)款规定的例外情况——根据提出请求之后的第四个月的最后一天的说明书、权利要求和附图,并在提交检索报告请求后六个月内将其辅以书面意见发送给申请人。

(7) 在下列情况下,根据要求,匈牙利知识产权局应退还附意见书的检索报告费:

(a) 申请人在提交附意见书的检索报告请求后四个月内撤回专利申请的;

(b) 匈牙利知识产权局在本款第(a)项规定的期限内拒绝专利申请的;

(c) 专利申请由于在本款第(a)项规定的期限内发生的原因而被视为被撤回的;

(d) 附意见书的检索报告自请求的提交日期起第六个月的最后一日后寄出,并非因为匈牙利知识产权局承认有关未能遵守本条第(3)款规定。

(8) 应申请人的要求,匈牙利知识产权局应加快审查报告,提出书面意见。

加快程序的请求只能与附意见书的检索报告请求一起提交。在该情况下,应双倍缴纳附意见书的检索报告请求费用。

缴纳的费用少于上述费用,但是达到附意见书的检索报告请求费用的,匈牙利知识产权局应适用本条第(6)款规定编制附意见书的检索报告。

(9) 专利申请不符合本法第65条规定的审查要求,或者不适合对所有权利要求进行相关新颖性检索的,匈牙利知识产权局应当在加速程序中拒绝编制附意见书的检索报告的请求,并按照本条第(6)款进行。

(10) 申请人在发送附意见书的检索报告后修改专利申请的,可以在本条第(3)款规定的期限内提出新的附意见书的检索报告请求。

（11）加速程序要求符合本条第（8）款要求的，匈牙利知识产权局应基于提交请求之日其所掌握的说明书、权利要求和附图编制附意见书的检索报告，并在提交请求之日起两个月内将其发送给申请人。

（12）在适用本条第（11）款规定的程序的情况下，本条第（7）款不适用，但匈牙利知识产权局：

（a）根据本条第（6）款基于本条第（8）款编制附意见书的检索报告的，应当根据要求退还超出附意见书的检索报告费用的费用；

（b）附意见书的检索报告在本条第（11）款规定的期限后邮寄，且不是因为匈牙利知识产权局在没有遵守本条第（3）款规定的期限的情况下接受恢复原状的请求的，则按照本条第（8）款的要求退还一半的费用；申请人在邮寄附意见书的检索报告前在其请求中表明其不主张该报告的，全部费用应退还申请人；

（c）根据本条第（9）款驳回附意见书的检索报告的请求的，则应要求应退还基于本条第（8）款所缴纳费用的一半。

◆ 公布

第 70 条

（1）专利申请应自最早优先权日起十八个月届满后公布。

（2）应申请人的要求，满足本法第 65 条要求的，可以在较早的日期公布申请。

（3）根据本法第 56（b）条规定，匈牙利知识产权局通过官方公报向公众发布信息。

（4）公告应当通知申请人。

◆ 异议申请

第 71 条

（1）在专利授予程序期间，任何人均可以向匈牙利知识产权局提出异议，认为该发明或者申请不符合可授予专利的要求。

（2）在审查过程中应当考虑就异议提出的意见。

（3）提出异议的人不得是专利授权程序的一方。

异议结果将通知异议人。

◆ 修改和分案

第 72 条

（1）对专利申请的修改，不得因引入新的主题而超出申请在申请日期所含的主题。

（2）如本条第（1）款所述，在确定授予专利决定前，申请人有权对说明书、权利要求和附图进行修改。

第 73 条

（1）申请人在一份申请中要求对一个以上发明主张专利保护的，其可以在确定授予专利决定前，进行分案申请，保留提交日期和任何较早的优先权。

（2）在提出相关请求后的两个月内，应针对分案缴纳具体法规规定的费用。

（3）申请人在提交请求后没有缴纳分案费用的，匈牙利知识产权局应通知申请人在本条第（2）款的期限内纠正违规行为。

不遵守上述规定的，视为申请人撤回该请求。

◆ 实质审查

第 74 条

（1）匈牙利知识产权局应申请人要求对已公开的专利申请进行实质审查。

（2）实质审查应确定下列事项：

（a）本发明是否符合本法第 1 条至第 5A 条的规定，是否未被排除在本法第 6（2）至（4）和（10）条项下的专利保护之外；

（b）该申请是否符合本法规定的要求。

第 75 条

（1）可以在提交专利申请的同时或者在关于新颖性检索的执行情况的官方信息公布之日后的六个月内［参照本法第 69（4）条］要求实质审查。

否则，专利临时保护应被视为失效。

（2）撤销实质审查请求不具法律效力。

（3）实质性审查的费用由具体立法规定，并自提出请求时起两个月内缴纳。

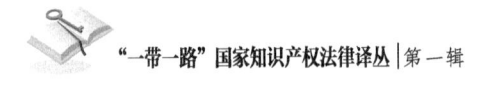

(4) 在提交请求后未缴纳审查费用的，匈牙利知识产权局应通知申请人在本条第（3）款规定的期限内纠正违规行为。

不遵守上述通知的，申请将被视为撤回或者专利临时保护应被视为失效（视情况而定）。

(5) 在官方信息正式公布之前，申请人撤回新颖性检索申请或者放弃专利的临时保护，根据要求应退还审查费用。

第76条

(1) 专利申请不符合本法第74（2）条规定的要求的，根据异议的性质，申请人应被通知纠正违规行为，并说明理由或者进行分案申请。

(2) 专利申请全部或者部分不符合审查要求的，即使在纠正违规行为或者提交理由后也将被拒绝。

(3) 申请只能基于通知中明确说明且适当分析的理由方可予以驳回。

如有需要，应另行发出通知。

(4) 申请人没有答复通知或者分案申请的，专利临时保护被视为失效。

◆ **专利的授予**

第77条

(1) 专利申请和其涉及的发明符合审查的所有要求的［参照本法第74（2）条］，匈牙利知识产权局将就申请的客体授予专利。

(2) 在授予专利之前，形成授权基础的说明书、权利要求和附图的文本应传送给申请人，申请人可以在三个月内声明其同意该文本。

(3) 申请人同意该文本或未提交意见的，则应根据发送的说明书、权利要求和附图授予专利。

申请人提出修改或者提交新的说明书、权利要求和附图的，匈牙利知识产权局将决定是否在说明最终文本时考虑该等内容。

(4) 专利权授予前，特别立法规定的申请费应在本条第（2）款所规定之三个月的声明期内缴纳。

申请人未缴纳该费用的，其专利临时保护被视为失效。

第78条

(1) 授予专利后，匈牙利知识产权局将出具专利证书，附件中应附有说明书、权利要求和附图。

（2）专利授权书应登记在专利登记簿（参照本法第 54 条）中，有关资料应在匈牙利知识产权局官方公报（参照本法第 56 条）中提供。

第十章 专利事项的其他程序

◆ 宣布专利保护的失效与恢复程序

第 79 条

（1）匈牙利知识产权局应根据本法第 38（b）和（c）条宣布临时专利保护以及根据本法第 39（b）和（c）条确定的专利保护失效；应当根据本法第 40 条恢复专利保护。

（2）专利保护失效和恢复声明的，应在专利注册登记簿（参照本法第 54 条）中登记，有关资料在匈牙利知识产权局官方公报（参照本法第 56 条）中提供。

◆ 撤销程序

第 80 条

（1）除本条第（2）款规定的例外情况外，任何人均可根据本法第 42 条针对专利权人启动撤销专利的程序。

（2）根据本法第 42（1）(d) 条，有权要求的人可以请求撤销专利。

（3）请求应说明其所依据的理由，并附有书面证据。

（4）在提出撤销申请后的两个月内，应缴纳具体立法规定的费用。

（5）撤销请求不符合本法规定的要求的，应当通知撤销申请人纠正违规行为；未缴纳请求费用的，撤销申请人应在本法规定的期限内缴纳。

未能纠正不当行为的，视为撤回撤销请求。

第 80A 条

在授予职务发明专利的情况下，匈牙利知识产权局应向发明人发出撤销程序通知，通知其在收到通知之日起三十日内可以提交申请成为撤销程序的当事人一方。

第 81 条

（1）匈牙利知识产权局应通知专利权人和（在授予职务发明专利的情况下）发明人对撤销请求提出意见。

在书面准备工作后，应在听证会上决定撤销或者限制专利或者拒绝撤销请求。

终止程序的决定也可以在不经听证的情况下作出。

在匈牙利知识产权局为要求撤销的人确定时限后，不得以任何在上述期限内未提出的理由作为撤销依据。

当裁定终止程序时，该等理由不得予以考虑。

（2）同一专利有不止一个撤销请求的，应尽可能采用同一程序处理。

（3）撤回撤销请求的，可以依职权继续执行。

在该情况下，匈牙利知识产权局也应在请求的框架内进行，同时考虑到各方所提出的陈述和指控。

（4）在听证会和裁决中作出的命令应在听证会当天发布。

声明可以推迟——不得超过八天——只有在裁决方面以及因为案件的复杂性而不可缺少的情况下。

在该情况下，公告的期限应立即修改直至公告当日，裁定书应以书面形式通知当事人。

（5）公布的决定应由执行部分和理由解释组成。

（6）决定书应当自作出决定之日起十五日内出具——匈牙利知识产权局延期宣布的除外——应在书面制成后十五日内交付。

（7）败诉方应当承担撤销程序的费用。

专利权人没有为撤销程序提供任何辩解，并放弃专利保护——至少针对相关部分的权利要求——在根据本条第（1）款提交异议的期限届满之前追溯到提交之日，程序费用由撤销申请人承担。

（8）该专利的撤销或者限制应登记在专利登记簿（参照本法第 54 条）中，相关信息应在匈牙利知识产权局官方公报（参照本法第 56 条）中提供。

第 81A 条

（1）应任何一方的要求，针对专利侵权发起诉讼或者在提起诉讼之前提出了临时措施的请求，且这一事实得到证实，则应加快撤销程序。

（2）对于加速程序的要求，根据立法规定的具体费用自提交有关要求后一个月内缴纳。

（3）加速程序的请求不符合本条第（1）款规定的，知识产权局有权要求申请加速程序的当事人一方纠正违规行为或者提交意见书。

纠正违规行为或者提交修改理由后仍不符合本法规定要求的，不予以加速处理。

未遵守上述规定的，知识产权局可以撤销加速程序的请求。

（4）未缴纳请求费的，加速程序请求人应在本法规定的期限内缴纳。

不遵守上述通知将导致加速程序的要求被撤回。

（5）匈牙利知识产权局应当通过命令设定加速程序。

（6）通过减损本法第48条和第81条的规定，在加速程序的情况下：

（a）也可以针对纠正违规行为或者提交意见设定十五日的时限；

（b）仅在具有特别正当根据的情况下才可以延长时间限制；

（c）澄清事实需要双方当事人共同参加听证，或者一方当事人及时提出请求的，知识产权局应当举行口头听证。

◆ **针对无侵权行为作出决定的程序**

第82条

（1）针对无侵权行为作出决定的请求（参照本法第37条），应内附已实施或意图实施的产品和方法的说明书和附图，以及所涉专利的说明书和附图。

未提交欧洲专利文本的匈牙利语译本已在匈牙利共和国生效的，或者专利权人未向请求人提供该译本的，匈牙利知识产权局应根据请求针对无侵权行为作出决定的人的请求，要求专利权人提交译本。

（2）只能针对一项专利以及已实施或者意图实施一种产品或者方法提出针对无侵权行为作出决定的请求。

（3）在提出请求后的两个月内，应当缴纳由特定立法规定的针对无侵权行为作出决定的请求费用。

（4）针对无侵权行为作出决定的请求不符合本法规定的要求的，应通知请求方纠正违规行为；未缴纳请求费的，应当通知该方在本法规定的期限内缴纳。

未纠正违规行为的，应视为撤回针对无侵权行为作出决定的请求。

（5）专利权人未遵守本条第（1）款提交译本的通知的，申请方可以委托翻译，费用由专利权人承担，专利权人在答复通知中声明被请求方以实施或者将实施的产品或者方法不侵犯所涉及的专利的情况除外。

第 83 条

（1）匈牙利知识产权局应通知专利权人针对无侵权行为作出决定的请求说明理由。

在书面准备工作后，知识产权局应当在听证会上决定是否受理或者驳回该请求。

终止程序的决定也可以在不经听证的情况下作出。

（2）制备欧洲专利文本的匈牙利语译文的费用由专利权人承担。

请求方应承担针对无侵权行为作出决定的程序的费用。

（3）本法第 81（4）至（6）条的规定也适用于针对无侵权行为作出决定的程序。

（4）本法第 81A 条的规定也适用于针对无侵权行为作出决定的程序。

与第 816/2006/EC 号条例［参照本法第 33A（1）条］适用的强制许可有关的程序

第 83A 条

（1）尽管有本法第 48 条的规定，在本法第 83B 至 83G 条规定的程序中，也可以在少于三十日但至少十五日的期限内修改，以纠正违规行为或者说明理由，并只能在特别合理的情况下才能延长时间限制。

（2）在本法第 83B 至 83H 条规定的程序中，匈牙利知识产权局应不按顺序进行。

（3）本法第 81（4）至（6）条的规定也适用于本法第 83B 至 83G 条规定的程序。

第 83B 条

（1）［已废除］

（2）根据第 816/2206/EC 号第 6 条规定的强制许可申请，在提交申请时同时应缴纳具体立法规定的费用。

（3）强制许可的申请，除了第 816/2006/EC 号规定的声明和详情外，应包含下列内容：

(a) 根据强制许可授予发明专利的专利注册号；

(b) 根据第 816/2006/EC 号条例第 10（5）条，区分根据强制许可生产的药品与专利权人或者其他人同意生产的药品的详情（例如特殊包装、着色或者成型）；

(c) 第 816/2006/EC 号条例第 10（6）条提及的网址。

(4) 匈牙利知识产权局应审查：

(a) 该申请书是否载有本条第（3）款和第 816/2006/EC 号条例第 6(3) 条规定的详情；

(b) 第 816/2006/EC 号条例第 8 条规定的条件是否满足；

(c) 申请人是否已提供证据表明，其已根据第 816/2006/EC 号条例第 9(1) 条与专利权人进行了事先磋商；

(d) 根据强制许可制造的产品数量是否符合第 816/2006/EC 号条例第 10(2) 条规定的条件。

(5) 强制许可申请不符合第 816/2006/EC 号条例和本法规定的条件，或者请求的费用未按照本条第（2）款缴纳的，应通知申请人纠正违规行为或者说明理由。

纠正或者说明理由仍然不符合审查条件的，应拒绝申请。

申请人在固定期限内不回复通知的，应当视为撤回申请。

第 83C 条

(1) 匈牙利知识产权局应通知专利权人就强制许可申请说明理由。

在书面准备工作后，应当在听证会上决定授予强制许可或者拒绝该申请。

终止程序的决定也可以在不经听证的情况下作出。

(2) 授予强制许可的决定应包括：

(a) 强制许可的期限；

(b) 根据第 816/2006/EC 号条例第 10（5）条，区分根据强制许可生产的药品与专利权人或者其他人同意生产的药品的详情（例如特殊包装、着色或者成型）；

(c) 关于第 816/2006/EC 号条例第 10（4）、（5）和（7）条规定的通知；

(d) 关于第 816/2006/EC 号条例第 10（6）条规定的通知和被许可人告知的网址；

(e) 大意为被许可人的簿册和记录必须含有第 816/2006/EC 号条例第 10 (8) 条第二句所指详情和文件的通知；

(f) 向专利权人缴纳的报酬。

(3) 授予强制许可的，应当登记在专利登记簿中，匈牙利知识产权局官方刊物应公布相关信息。

第 83D 条

(1) 匈牙利知识产权局应通过表明第 816/2006/EC 号第 12 条提及的详情将授予强制许可告知欧盟委员会，并将该决定的副本送交海关当局和药品管理部门。

(2) 授予强制许可后，经专利权人或者其他人同意，匈牙利知识产权局应在其网站上公布第 816/2006/EC 号条例第 12 条所述详情，以及区分根据强制许可生产的药品和由专利权人或他人经其同意生产的药品的详情。

(3) 匈牙利知识产权局应定期向海关当局和药品管理部门通报欧盟其他成员国颁发的强制许可的详情及其变更情况，并在世界贸易组织网站上公布。

第 83E 条

(1) 根据第 816/2006/EC 号条例第 10 (8) 条规定请求查阅被许可人的簿册和记录的，应向匈牙利知识产权局提交两份申请。

该请求应指明授予强制许可的决定的编号和欲披露的详情。

(2) 在提出请求的同时，应针对查阅请求缴纳由特定立法规定的费用。

(3) 查阅请求不符合第 816/2006/EC 号条例和本法规定的条件，或者未按照第 (2) 款缴纳请求费用的，应通知申请人纠正违规行为或者说明理由。

纠正行为或者说明理由仍然不符合查阅条件的，应拒绝该请求。

请求方在规定时限内没有回复通知的，该请求应被视为撤回。

(4) 匈牙利知识产权局应通知被许可人就查阅请求说明理由。

在书面工作准备之后，应当作出对申请的同意或者拒绝的决定。

书面工作准备完成后，澄清事实需要双方共同参加听证，或者一方及时提出请求的，匈牙利知识产权局应举行听证会。

(5) 匈牙利知识产权局应在根据本条第 (1) 款提出的请求范围内通知专利权人查阅被许可人簿册和记录的结果。

查阅结果的通知可用作强制许可审查程序的证据（参照本法第 83F 条）。

第 83F 条

（1）根据第 816/2006/EC 号条例第 16（1）条规定的强制许可审查请求，应当说明强制许可的决定的编号，并随附审查理由和书面证据。

请求亦可随附进口国所做的评估。

（2）在提出要求的同时，应当缴纳特定立法针对强制许可审查请求规定的费用。

（3）强制许可的审查请求不符合第 816/2006/EC 号和本法规定的条件的，或者根据本条第（2）款尚未缴纳请求费用的，请求方应纠正违规行为或者说明理由。

纠正行为或者说明理由仍然不符合查阅条件的，应拒绝该请求。

请求方在规定时限内没有回复通知的，该请求应被视为撤回。

（4）匈牙利知识产权局应通知被许可人或者专利权人（视提出请求的人而定）对强制许可审查请求提出意见。

在书面工作准备完成后，应当在听证会上决定终止或者修改强制许可或者拒绝请求。

终止程序的决定也可以在不经听证的情况下作出。

（5）匈牙利知识产权局未根据第 816/2006/EC 号条例第 16（3）条命令由被许可人承担费用销毁由被许可人控制的并根据强制许可生产的药品的，关于终止强制许可的决定应指明在特定时间内被许可人可将该药品重新寄至第 816/2006/EC 号条例第 4 条所述的有需要的国家。

（6）强制许可的终止应登记在专利登记簿中，匈牙利知识产权局官方公报应公布相关信息。

（7）终止强制许可后，匈牙利知识产权局应：

（a）通知欧盟委员会；

（b）通过向其发送决定通知海关当局和药品管理部门；

（c）在其网站上公布信息。

第 83G 条

（1）根据第 816/2006/EC 号条例第 16（4）条修改强制许可证的要求应包含强制许可的编号、修改的理由以及被许可人已根据第 816/2006/EC 号条例第 9（1）条规定与专利权人进行事先磋商的证据，但所请求的额外金额应

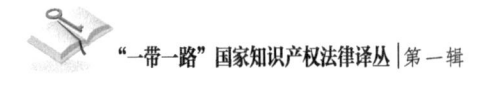

超过原许可授予金额的25%。

(2) 本条第(1)款项下的请求,应随附文件证据。

(3) 对于本条第(1)和(2)款未调整的问题,根据本条第(1)款修改强制许可的,应参照适用本法第83F条的规定,但下列情况例外:

(a) 匈牙利知识产权局应决定同意修改强制许可或者拒绝请求;

(b) 在书面准备工作之后,澄清事实需要各方共同参加听证的,或者一方及时提出请求的,匈牙利知识产权局应举行听证会。

第83H条

(1) 药品管理部门证实药品进口违反第816/2006/EC号条例第13(1)条规定的,禁止在国内分销药品。

(2) 药品管理部门应将其根据本条第(1)款作出的最终决定送交匈牙利知识产权局。

(3) 不得对药品管理部门根据本条第(1)款作出的决定提出上诉。

(4) 经药品管理部门禁止在全国分销药品的决定生效后,海关当局应安排扣押和销毁药品,费用由进口商承担,并据此通知匈牙利知识产权局。

(5) 匈牙利知识产权局应将根据本条第(1)款作出的决定和本条第(4)款所述的安排通知欧盟委员会。

◆ 专利说明书的解释

第84条

对专利说明进行解释时发生争议的,匈牙利知识产权局应根据主管法院或者其他机关的请求提出专家意见。

第三部分 关于欧洲专利制度和国际专利合作的规定

第十A章 关于欧洲专利申请和欧洲专利的规定

◆ 一般规定

第84A条

在本法中:

（a）欧洲专利：指根据1973年10月5日《慕尼黑欧洲专利公约》（以下称"公约"）授予的专利；

（b）欧洲专利申请：指为获授予欧洲专利而根据公约提交的专利申请。

第84B条

（1）提交欧洲专利申请及获得欧洲专利的效力及于匈牙利境内。

（2）第84D至84O条的规定适用于以匈牙利为指定局的欧洲专利申请和在匈牙利境内有效的欧洲专利。

（3）公约和本法不一致的，欧洲专利申请和欧洲专利应适用公约的规定。

◆ 欧洲专利申请的提交

第84C条

（1）欧洲专利申请可向匈牙利知识产权局提交，但欧洲分案申请除外。

（2）申请人是匈牙利公民或者其居所地、住所在匈牙利境内的，欧洲专利申请应向匈牙利知识产权局提交，除非该欧洲专利申请针对未经匈牙利知识产权局局长分类且至少在两个月前向匈牙利知识产权局提交的专利申请主张优先权。

（3）欧洲专利申请可以以公约规定的任何语言向匈牙利知识产权局提交，在以匈牙利语或者欧洲专利局的任何官方语言提交的专利申请中，应至少含有下列内容：

（a）寻求欧洲专利保护的指示；

（b）可识别申请人或者可与申请人联系的信息。

◆ 欧洲专利申请的效力

第84D条

（1）已向欧洲专利局提交的欧洲专利申请，若保留欧洲专利申请优先权的，与同一日期向匈牙利知识产权局提交的国家专利申请具有相同效力。

（2）就本法第2（3）条而言，由欧洲专利局依照程序公布的欧洲专利申请，或者欧洲专利局根据公约在特定出版物公布的欧洲专利申请，与匈牙利知识产权局依照程序公布具有相同效力（参照本法第70条）。

（3）匈牙利知识产权局应在欧洲专利申请公布后，对其内容进行审查，并确保其与欧洲专利登记簿所载欧洲专利申请内容相同。

欧洲专利申请公布后，即获得临时保护。

第 84E 条

（1）在匈牙利知识产权局在匈牙利官方公报（参照本法第 56 和 56A 条）上公布有关提交权利要求匈牙利语译文的官方信息时，公布欧洲专利申请所赋予的临时专利保护在匈牙利生效。

（2）申请人提出相关请求的，匈牙利知识产权局应公布本条第（1）款所述官方信息。

该请求还应包含已发布的请求书的匈牙利语译文。

（3）请求书和权利要求的译文应按照具体立法规定的详细要求起草。

（4）自请求提出后两个月内，应缴纳由具体立法规定的公布权利要求译文的费用。

（5）匈牙利知识产权局应审查该请求是否符合本条第（2）和（3）款规定的要求。

在此过程中，应参照适用本法第 68（2）至（4）条的规定。

（6）提交请求时未缴纳公布权利要求的费用的，匈牙利知识产权局应要求申请人在本条第（4）款规定的期限内纠正违规行为。

不遵守本规定的，该请求应视为撤回。

（7）在提交本条第（1）款规定的官方资料后，匈牙利知识产权局应提供可供查阅的权利要求的匈牙利语译文。

（8）匈牙利知识产权局应在单独清单中说明，通过根据本条第（1）款的规定公布欧洲专利申请已授予临时保护。

该清单可供任何人查阅。

◆ 将欧洲专利申请转化为国内专利申请

第 84F 条

（1）欧洲专利申请依据公约第 14（2）条、第 77（3）条或者第 78（2）条被撤回的，经申请人请求，并基于本条第（2）至（5）款规定的条件，匈牙利知识产权局可根据本法第九章启动授予国内专利的程序。

（2）申请费和检索费［参照本法第 57（4）条］应当自提交本条第（1）款所述请求后两个月内缴纳；未向匈牙利知识产权局提交请求的，自收到后两个月内缴纳。

（3）欧洲专利申请以外文起草的，该申请的匈牙利语译文应在提交本条第（1）款所述请求后四个月内向匈牙利知识产权局提交；未向匈牙利知识产权局提交请求的，自收到请求后四个月内提交。

就第九章而言，该译文应被视为根据本法第57（5）条提交的译文。

（4）申请人要求将本条第（1）款适用于欧洲专利局席前程序中经更正的欧洲专利申请文本的，则本条第（3）款的规定应适用于更正文本的译文。

（5）未依照本条第（1）款所述要求向匈牙利知识产权局提交请求的，则申请人应在本法第66（12）条规定的通知的同时被告知收到该请求。

（6）在其他任何事项上，第九章的规定适用于按照本条第（1）款规定启动的程序。

◆ **欧洲专利的效力**

第 84G 条

（1）欧洲专利的效力与匈牙利知识产权局授予的专利效力相同。

在欧洲专利公报中公布时，应被视为授予欧洲专利。

（2）专利权人未提交本法第84H条规定的欧洲专利匈牙利语译文的，如针对欧洲专利产生法律纠纷，应被控侵权人的要求，或者经必要通知，在法院或匈牙利知识产权局的程序当中，专利权人应自行提供译文。

◆ **关于欧洲专利的翻译要求**

第 84H 条

（1）专利权人向匈牙利知识产权局提供欧洲专利匈牙利语译文，并且（如欧洲专利局的程序语言是法语或者德语）在欧洲专利公报公布提及专利授予之日起三个月内提交除欧洲专利权利要求外文本的英语和匈牙利语译文的，欧洲专利在匈牙利生效。

（1a）欧洲专利局的程序语言是英语的，可在提交权利要求的匈牙利语译文时，一并提交除欧洲专利权利要求外文本的匈牙利语译文。

（2）还将提交除欧洲专利权利要求外文本的英语或匈牙利语译文的，视为在专利权人已提交本条第（1）款规定的两份译文之日或者已提交后者之日提交该译文。

（3）本条第（1）款规定的行为可在自该款规定期限最后一日起的三个月内履行，但应在后一期间内缴纳由特别立法规定的额外费用。

（4）本条第（1）和（1a）款规定的单语或者多语译文（以下统称为"译文"）应按照具体立法规定的详细手续编写和提交。

（5）对于译文的公布，具体立法规定的费用应在提交译文后的两个月内缴纳。

（6）匈牙利知识产权局应对译文是否满足本条第（4）款之要求进行审查。

在此过程中，参照适用本法第68（2）至（4）条的规定，但在本法第68（3）和（4）条提及的情况下，译文应视为未提交。

（7）本条第（5）款规定的费用在译文提交后未缴纳的，匈牙利知识产权局应通知申请人在本条第（5）款规定的期限内纠正违规行为。

不遵守本规定的，译文应视为未提交。

（8）本条第（1）款规定的行为未在规定期限内履行的，且亦未在本条第（3）款规定的期限内缴纳额外费用的，依据本法，该欧洲专利应被视为在匈牙利自始未生效。

（9）本条第（1）款规定的译文已视为妥为提交的，应将欧洲专利登记入专利登记簿的独立部分（参照本法第54条）。

（10）匈牙利知识产权局应在其官方公报上向公众提供提交翻译的信息（参照本法第56和56A条），并向公众提供该译文。

（10a）除了本条第（1）和（1a）款规定情形外，专利权人可随时将欧洲专利权利要求外文本的匈牙利语译文提交给匈牙利知识产权局。

该翻译的提交的公布，参照适用本条第（4）至（7）和（10）款的规定。

第84I条

在公约规定的驳回程序以及限制程序中，经修改得以维持的欧洲专利，参照适用于本法第84H条的规定。

◆ **欧洲专利申请或者欧洲专利的真实文本**

第84J条

（1）欧洲专利申请或者欧洲专利的权利要求或者说明书的译文（参照本法第84E、84H和84I条）所赋予的保护范围，较欧洲专利局在欧洲专利局提出的诉讼语言中的权利要求或说明书所规定范围更窄的，其保护范围应由译文译本确定。

（1a）专利权人依照本法第84H（1a）或（10a）条亦提交欧洲专利权利要求外文本的匈牙利语译文的，针对提交翻译公布官方信息后，该翻译适用本条第（1）款的规定。

（1b）向欧洲专利局提交的程序语言是法语或者德语，且专利权人亦根据本法第84H（10a）条提交欧洲专利权利要求外文本的匈牙利语译文的，参照适用本法第84K（6）条的规定，但在针对提交翻译公布官方信息前已开始使用的，可继续使用。

（2）本条第（1）至（1a）款设定的规定不适用于与撤销欧洲专利有关的事项。

第 84K 条

（1）申请人或者专利权人可随时请求对权利要求或者专利说明的译文进行修正（参照本法第84E、84H 和 84I 条）。

匈牙利知识产权局关于修正译文公布官方信息后，该修正译文所赋予的保护即生效。

（2）对于修正请求及其附件，参照适用本法第84E（2）和（3）条及第84H（4）条的规定。

（3）自权利要求书或者专利说明的译文修正请求提出后两个月内，应当缴纳特别立法规定的译文修正公布费用。

（4）匈牙利知识产权局应审查上述请求是否符合本条第（2）款的要求。在此过程中，参照适用本法第68（2）至（4）条的规定。

（5）提交请求后未缴纳修正译文公布费用的，匈牙利知识产权局应在本条第（3）款规定期限内，要求申请人纠正违规行为。

不遵守本条款的，该请求应视为被撤回。

（6）欧洲专利赋予的保护，在本条第（1）款规定的官方信息公布之日存在的使用或者准备的范围内，对在该日期之前在本国范围内善意及在其经济活动范围内已开始对发明进行根据原翻译不构成专利侵权的使用或已为此做认真准备的人，不具有效力。

该权利仅可随合法经济组织［参照民法典第 685（c）条］的转让而转让，或者随使用或者准备使用该发明的分支机构的转让而转让。

◆ 欧洲专利的维持

第 84L 条

（1）自欧洲专利公报公布欧洲专利授权后一定年限内，应依照本法第 23 条的规定缴纳欧洲专利续展费用。

（2）自欧洲专利公报公布欧洲专利授权后三个月内，若在此期间内缴纳专利续展费用的，可不加额外费用。

（3）因未履行法律责任或者经上诉委员会扩大会议审查决定撤销欧洲专利的，上述维持费用在撤销后将到期截止，也可在上诉委员会作出重新设立权利或者重新启动诉讼的决定之后六个月的宽限期间内缴纳。

◆ 经异议程序撤销的欧洲专利

第 84M 条

（1）欧洲专利在异议、限制或撤销程序中被撤销或者维持的，参照适用公约第 81（8）条的规定。

（2）对同一个欧洲专利已提出异议的，或者依据公约要求限制或撤销相同欧洲专利的，撤销欧洲专利的程序应在合理的情况下暂停，直到依据公约最终终止异议、限制或撤销程序。

（3）依据公约的规定，异议程序或撤销程序不会导致欧洲专利撤销的，或者限制程序终止后，任何一方当事人请求继续的，暂停的撤销程序应继续进行。

◆ 欧洲专利的撤销

第 84N 条

（1）依据公约第 138（1）条规定的理由撤销欧洲专利，并应在公约同一条第（2）款所述情况下予以限制。

在撤销欧洲专利的程序中，亦应适用公约第 138（3）条的规定。

（2）关于撤销欧洲专利的任何其他事项，参照适用本法规定。

第 84O 条

［已废止］

第十B章　关于国际专利申请的规定

◆ **一般规定**

第 84P 条

（1）在本法中，国际专利申请指根据1970年6月19日在华盛顿签署的《专利合作条约》（以下称"条约"）提交的专利申请。

（2）本法涉及条约适用的，亦应被解释为条约条例的适用。

（3）除非条约另有规定，本法规定适用于国际专利申请。

◆ **匈牙利知识产权局作为受理局**

第 84R 条

（1）申请人具有匈牙利国籍或在该国拥有居住地或者主要营业地点的，匈牙利知识产权局应作为国际专利申请的受理局。

（2）国际专利申请应按照形式要求和条约规定的方式，以匈牙利知识产权局作为受理局，以申请人选择的国际检索单位接受的语言之一提交。

（3）国际专利申请，除请求外，亦可在匈牙利提交。

在该情况下，应将申请翻译为本条第（2）款规定的语言，并在收到申请之日起一个月内提交。

（4）国际专利申请的译文未在规定日期内提交的，匈牙利知识产权局应通知申请人在本条第（3）款规定的期限内或者在通知后一个月内或者在收到国际申请后两个月内（以较迟者为准）纠正违规行为。

未遵守该通知的，国际申请将被视为撤回。

（5）国际专利申请的转交应缴纳由特定立法规定的转交费用，并在条约规定的期限内针对国际申请缴纳条约规定的国际费用和检索费。

（6）匈牙利知识产权局局长应在匈牙利知识产权局官方公报上公布有关国际费用和检索费用的金额以及与付款有关的时效。

◆ **匈牙利知识产权局作为指定局或选定局的程序**

第 84S 条

（1）匈牙利知识产权局应针对根据公约指定匈牙利的国际专利申请担任

指定局，但为获得匈牙利欧洲专利而提交国际申请的除外［参照本法第84A（a）条］。

（2）匈牙利知识产权局应为本条第（1）款提及的国际专利申请的选定局，即申请人已提出国际初步审查要求，并选择匈牙利作为其意图使用初步审查结果的缔约国。

（3）匈牙利知识产权局作为指定局或者选定局的，申请人应提交国际申请的匈牙利语译文以及发明人的姓名和地址的说明，并自国际专利申请的优先权日起三十一个月内缴纳由具体立法规定的国家费用。

（4）本条第（3）款规定的行为也可以在自该款规定期限最后一日起三个月内履行，但应在后一期限内缴纳由特别立法规定的额外费用。

（5）本条第（3）款规定的翻译应包含说明书、权利要求、附图文字和摘要。

根据条约或在履行本条第（3）款规定行为期间修正权利要求的，应提交匈牙利语的原始文本和修正文本。

（6）未在本条第（3）款规定期限内或在缴纳额外费用的同时在本条第（4）款规定期限内履行本条第（3）款规定行为的，该国际专利申请之效力应在匈牙利停止，并与撤回向匈牙利知识产权局提交的专利申请具有同等效力。

（7）依据条约第17（3）（a）条之规定，国际专利申请中未经国际检索单位检索的部分，应视为撤回，除非申请人在向匈牙利知识产权局提交国际申请的翻译后三个月内缴纳由具体立法规定的额外检索费用。

（8）提交国际专利申请的翻译未缴纳额外检索费的，匈牙利知识产权局应在本条第（7）款规定的期限内通知申请人纠正违规行为。

（9）本条第（7）款确定的国际专利申请中部分被视为撤回的，匈牙利知识产权局应通过命令予以确定。

第84T条

（1）按照条约第29（1）条的规定，自国际申请的匈牙利语译文公布之日起，应对公布后的国际专利申请设立临时专利保护。

对于译文的公布，参照适用本法第70条的规定。

（2）就条约第2（3）条而言，国际专利申请公布的效力应与在匈牙利知识产权局（参照本法第70条）的程序中进行公布具有同等效力，但应针对国际申请妥为履行本法第84S（3）条规定的行为。

第84U条

（1）匈牙利知识产权局作为指定局或者选定局，经申请人特别请求，应对国际专利申请进行实质审查。

该请求可与本法第84S（3）条规定的行为同时提交，或者至迟在关于新颖性检索的执行情况的官方信息公布之日起六个月内提交。

（2）具体立法规定的检索费用自提出要求起两个月内缴纳。

（3）对于涉及实质审查的任何其他事项，参照适用本法第74条至第76条的规定。

第84V条

关于任何优先权的权利要求的条件和效力，在条约第8（2）（b）条规定的情况下，参照适用《保护工业产权巴黎公约》斯德哥尔摩文本第4条的规定。

第84Z条

（1）基于条约第7（2）（ii）条的规定，即使对发明的理解不具有必要性，但是附图可对本发明的性质进行说明的，匈牙利知识产权局可通知申请人提供说明该发明的附图。

（2）基于条约第27（2）（ii）条的规定，匈牙利知识产权局可通知申请人提供构成证明国际专利申请中指称或者陈述的文件。

但是，在条约规定的情况下，只有在对申请中提出的任何指称的真实性有合理怀疑的，才能要求申请人提供该等证据。

（3）应申请人请求，匈牙利知识产权局作为指定局，应准用本法规定，进行条约第25条以及本法第84P（3）条所规定的审查。

第四部分 专利的法庭程序

第十一章 对匈牙利知识产权局决定的审查

◆ **请求审查**

第85条

（1）应要求，法院可审查匈牙利知识产权局的下列决定和命令：

(a) 本法第 53A 条提及的决定；

(b) 暂停程序或者提供专利登记簿信息依据的决定；

(c) 排除或者限制文件查阅的命令，可根据《公共行政程序法》寻求独立法律救济；

(d) 除请求启动程序的人以外，驳回当事人作为程序一方的法律地位的命令；

(e) 施加程序性罚款或裁定程序性费用金额和分配及其缴纳的决定。

（2）对施加程序性罚款或者裁定程序性费用金额和分配的决定提出审查请求的，对审查请求中未提出异议的任何其他规定不具有延迟效力，也不得阻止上述规定具有终局性。

（3）本条第（1）款未提及的匈牙利知识产权局的命令，只能在针对本条第（1）款提及决定的审查请求中提出异议。

（4）下列当事人可以提出审查请求：

(a) 参与匈牙利知识产权局行政程序的任何当事人；

(b) 被排除或限制进行文件查阅的任何人；

(c) 其作为程序当事人的法律地位被拒绝的任何人。

（5）对专利授予或撤销的裁定可由检察官根据条约第 6（2）条提出审查请求。

匈牙利知识产权局程序的任何其他参与者，均有权单独请求审查该决定或其中与其有关的规定。

（6）审查请求必须自向相关当事人或程序的任何其他参与人通知决定之日起三十日内提交或通过挂号邮件邮寄，但本条第（7）和（8）款规定的例外情况除外。

（7）在下列情况下，提交审查请求的三十日期限应自通知驳回命令，或从视为未提交继续程序的请求或者恢复请求之日起算：

(a) 该日期迟于根据本条第（6）款通知决定的日期，且

(b) 继续程序或恢复原状的请求是为了避免疏忽带来的影响，而该疏忽是作出本条第（6）款项下决定的直接依据。

（8）基于宪法法院根据《公共行政诉讼法》的规定对匈牙利知识产权局的决定提出审查请求的，提交审查请求的期限应自送达宪法法院决定之日起重新计算三十日期间。

（9）审查请求应向匈牙利知识产权局提交，由匈牙利知识产权局在十五

日内连同专利文件的材料一并转交法院,但本条第(10)款另有规定的除外。

对方当事人参加诉讼的,匈牙利知识产权局应当同时通知该方请求已移交法院。

(10)审查请求提出具有根本重要性的法律问题的,匈牙利知识产权局可就该问题作出书面陈述,并在三十日内将该书面陈述,连同审查请求和专利文件的材料一并转交法院。

(11)审查请求的要求,参照适用诉讼相关规则。

(12)对于延迟提交的审查请求,法院应对恢复原状的请求作出决定。

◆ 管辖权和权限

第86条

(1)对审查匈牙利知识产权局作出的决定进行诉讼的,首府法院具有管辖权和专属权限。

(2)[已废止]

◆ 法院的组成

第87条

首府法院应由三名专业法官组成,其中两名具有专业大学学历或者同等学力。

◆ 关于审查请求程序的规则

第88条

除本法规定的例外情况外,法院应审理对匈牙利知识产权局按照非讼民事程序规则所作决定进行审查的要求。

除非本法或非诉程序另有规定,该程序参照适用关于民事程序法典的1952年第3号法律的规则(以下称《民事程序法典》)。

◆ 公开听证

第89条

当事人提出请求的,法院可不对公众开放听证会,尽管不符合《民事程序法典》总则规定的要求。

◆ 回避

第 90 条

（1）除《民事程序法典》一般规定确定的情况外，以下人员不得参加诉讼或者担任法官：

(a) 参与匈牙利知识产权局决定的人；

(b)《民事程序法典》一般规定中定义的本款（a）项所述的人员的亲属。

（2）本条第（1）款的规定也适用于起草会议记录的人员和专家。

◆ 诉讼各方和其他参与人员

第 91 条

（1）提出请求的人应为诉讼当事人。

提起诉讼的检察机关享有当事人的权利，但不得同意和解、承认权利要求或者放弃任何权利。

（2）对方当事人参与匈牙利知识产权局诉讼的，应对另一方当事人提起诉讼。

第 92 条

共同专利权人独立行使维持和保护专利权，或者仅对一名共同专利权人提起诉讼的，法院应当通知其他共同专利权人，其可以加入诉讼。

第 93 条

（1）对于匈牙利知识产权局作出的决定审查程序的结果具有合法利益的任何人，可以介入诉讼支持与其利益相关的主体，直到法庭判决终止为止。

（2）除了和解、接受权利要求和放弃权利外，介入人可以采取他所支持一方有权采取的任何行动，其行为只有在与有相关方的行为不冲突的情况下才具有效力。

（3）在诉讼过程中，介入人与相关当事人之间的任何法律争议均不得进行裁定。

◆ 代理

第 94 条

（1）专利律师可在诉讼中担任诉讼代理人。

(2) 委托人签字授权的，其在国内或者国外向专利律师或律师提供的授权书即为有效。

◆ **诉讼费用**

第 95 条

(1) 对方当事人也参加法院诉讼的，诉讼费用的预付和缴纳，参照适用有关诉讼费用的规定。

(2) 在不存在对方当事人的情况下，申请人应当提前缴纳诉讼费用。

(3) 代理一方的专利代理人的收费和费用应纳入诉讼费用。

◆ **简易程序**

第 96 条

凡申请人或任何当事人在听证阶段未出现或双方当事人在规定期限内无法回复法院通知的，法院应根据其所掌握的材料，直接对该请求作出决定。

◆ **恢复原状**

第 97 条

对于在非诉讼程序中提交恢复原状的请求，参照适用本法第 49 条的规定。

◆ **基于请求的措施**

第 97A 条

匈牙利知识产权局就审查请求作出书面声明的［参照本法第 85 (10) 条］，审议庭主席应书面通知当事人该声明。

◆ **听证及取证**

第 98 条

(1) 一审法院应当依照《民事程序法典》的规定取证并举行听证。

(2) 无对立方参加程序，且案件适用于书面裁决的，法院可径直裁决而不举行听证，经当事人请求，可听取其意见。

(3) 法院在审理过程中未举行听证，嗣后发现有举行听证必要的，可以随时下令举行听证。

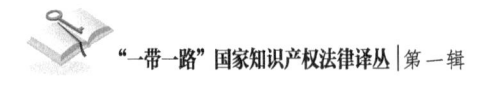

但是，法庭已举行听证审理案件，或者已下令举行听证的，不得撤销该命令，且不得在未举行听证的情况下审理案件。

（4）在匈牙利知识产权局的程序无法达成和解的，在法庭程序中不应达成和解。

（5）中止法庭程序，参照适用本法第84M条的规定。

◆ **裁决**

第99条

法院应根据案件事实及其他事项作出裁决。

第100条

（1）法院在专利诉讼中更改了决定内容的，该裁决将取代匈牙利知识产权局对该专利的决定。

（2）下列情形中，法院应撤销决定，并命令匈牙利知识产权局重新启动程序：

（a）作出该决定时，未回避相关人员；

（b）匈牙利知识产权局在程序中侵犯了实体性程序规则，且法院无法予以救济的。

（c）［已废止］

（3）当事人向匈牙利知识产权局提出的请求不属于由法院审理的事项的，法院应将该请求转交给匈牙利知识产权局，除非在撤销程序中，匈牙利知识产权局依照本法第81（1）条陈明撤销理由，或者在提交法院审查后再提出新的撤销理由的；撤销的理由不由法院审理。

在上述情况中，如有必要的，法院应撤销匈牙利知识产权局的决定。

（4）法院不得在未考虑任何事实、指控或证据提交的情况下，在请求审查或者在提出请求后，按照本法第47（3）条撤销匈牙利知识产权局程序中的决定。

（5）匈牙利知识产权局在提交审查请求后，根据本法第85（1）（b）至（d）条撤回决定的，法院应当终止诉讼。

匈牙利知识产权局变更决定的，法院诉讼程序只能继续处理未决事项。

第101条

（1）法院关于案件是非曲直的命令应通过送达告知，宣布不得视为公布。

法院在听证会上针对审查请求作出决定的，案件的裁定也将在听证会当天公布。

公开宣判可推迟，但不得超过八天，且仅在案件具有复杂性而不得不推迟的情况之下。

在这种情况下，公告的期限应立即确定，判决书应以书面通知，直至宣告当日为止。

（2）在对首府法院作出裁决进行上诉时，参照适用《民事程序法典》第257条的规定，除了根据本法第85（1）（c）和（d）条提及的对匈牙利知识产权局的决定提交的请求提出上诉之外，二审法院也应当口头听取当事人的意见。

第102条
［已废止］

第103条
［已废止］

第十二章 专利诉讼

◆ 调整专利诉讼的规则

第104条

（1）首府法院有专属管辖权，并依据本法第87条在下列法院程序中组成合议庭：

（a）关于授权、修改或者撤销强制许可的诉讼，但依据816/2006/EC号条例［参照本法第33A（1）条］适用的强制许可事项除外（参照本法第83A至83H条）；

（b）关于存在先前或者继续使用权以及本法第84K（6）条以及公约第112a（6）条和第122（5）条规定的权利的诉讼［参照本法第84A（a）条］；

（c）关于侵犯发明或者专利的诉讼。

（2）在专利诉讼中，原告证明其为专利权人或者有权以自身名义提起侵权诉讼的被许可人的，若不存在与之相反的情形，原告可依据临时措施获得特别保护。

若存在相反情形的，应当考虑到案件的所有情况，特别如果是该专利被匈牙利知识产权局或初审法院撤销，欧洲专利局或者在欧洲专利组织的其他成员国也撤销了匈牙利的欧洲专利。

关于推定证明保护原告的权利特别临时保护的必要性的规定，不适用于自专利侵权诉讼开始之日六个月后，或者原告知道侵权行为以及侵权人身份之日六十日后。

（3）在评估通过临时措施造成的损害或者可获得的利益时，还应考虑到临时保护措施是否明显且在很大程度上损害公共利益或第三方的合法权益。

（4）在专利侵权的情况下，临时措施的请求也可以在提起诉讼之前提出；首府法院应对非诉讼程序的请求作出决定。

由于非诉讼程序的特殊性而产生的例外情况，非诉讼程序的临时措施，参照适用本法规定和《民事程序法典》的一般规则。

原告已根据本条第（8）款提起专利侵权诉讼的，超出诉讼程序所缴纳费用的数额应作为诉讼费用缴纳。

（5）除了适用于侵权案件的民事救济措施外，专利权人可依据与临时措施相关要件向法院提出请求：

（a）能够证明侵权人的行为有可能危及随后实现其赔偿请求或者获得侵权收益的，可依据《司法执行法》的规定采取预防措施；

（b）强制要求侵权人协商或者提交其银行、金融或商业文件，以便按照（a）项命令采取预防措施；

（c）命令提供担保，如果代替要求中止专利侵权，专利权人同意侵权人继续实施诉称侵权行为。

（6）在专利权人提出中止专利侵权诉讼，且法院不允许的情况下，即使专利权人未提出要求的，法院也可依据本条第（5）（c）款要求提出担保。

（7）法院应不按次序针对临时措施作出决定，但不得迟于为此提交请求之日起十五日内。

二审法院应当不按次序就针对临时措施的决定提交的上诉进行裁决，但不得迟于上诉提交之日起十五日内。

（8）专利权人在临时措施决定通知后十五天内未就专利侵权提起诉讼的，应被告之要求，法院应当在临时措施执行前终止该决定［包括本条第（5）和（6）款］。

法院应不按次序针对宣布采取临时措施无效的请求进行裁决，但不得迟于提出请求后十五日内。

（9）在专利侵权诉讼过程中，一方当事人已出示合理可获得的证据，法院可依据出示证据一方的请求，要求被告人：

（a）出示他所拥有的文件和其他物品，并可供他人查阅；

（b）告知或者出示其银行、金融或商业文件。

（10）专利权人在合理范围内提出专利侵权事实或者存在的危险的，在提起专利侵权诉讼前，允许预先出示证据。

诉讼尚未开始的，应向首府法院要求预先出示证据。

由首府法院进行预先证据的取证。

允许针对命令进行预先出示证据提起上诉。

（11）专利权人未在命令初始出示证据宣告之日起十五日内提起专利侵权诉讼的，应被告的请求，法院应撤销其裁定初始出示证据的决定。

法院应当不按次序针对撤销初始出示证据的请求作出裁定，但不得迟于提交请求后十五日内。

（12）当任何延误都将造成无法弥补的损害时，应视之为紧急情况，可在未听取被告意见的情况下，就此采取临时措施，包括本条第（5）和（6）款规定之措施。

若延误将造成无法弥补的损害，或者有可能破坏证据的风险，应视之为紧急情况，可在未听取被告意见的情况下，进行预先取证。

未经审理对被告作出的决定，应当在执行时通知被告。

裁定通知后，被告人可以要求对临时措施的决定或预先出示证据措施进行审查或者撤销或者提起诉讼。

（13）法庭可以要求对命令初始出示证据和［除本条第（5）（c）款和第（6）款规定的例外情况］采取临时措施提供担保。

（14）在本条第（5）（c）款、第（6）款和第（13）款提到的情况下，有权从担保金额得到赔偿的一方，在自决定撤销初始出示证据或者临时措施的决定或者对中止诉讼的判决生效之日起三个月内，不执行其索赔的，担保人可以要求退还担保。

（15）专利权人未依照本法第84H条提交欧洲专利文本匈牙利语译文的，且未依照本法第84G（2）条之规定向被指控的侵权人提供上述要求的译文的，则应认为被告未提供任何诉讼理由。

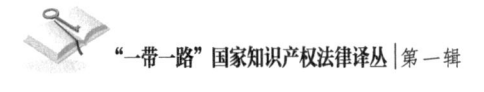

(16) 涉及欧洲专利的，该专利文本的匈牙利语译文应随附诉讼请求。如果不符合本要求，应发出通知书告知。

翻译费用由专利权人承担。

(17) 本条第（1）款未提及的任何其他专利诉讼均应由法院审理。

(18)《民事程序法典》的一般规定应适用于本条第（1）和（17）款提及的法庭程序，但本法第89条、第94条和第95（3）条规定的例外情况除外。

第五部分　植物新品种保护

第十三章　植物新品种以及植物新品种的保护

◆ **一般规定**

第105条

在本法中：

(a) 植物品种：指在最低已知级别的单个植物分类群内的植物分类，其分类不管是否完全满足保护条件，可以：

①根据给定基因型或者基因型组合产生的特征的表达予以界定，

②通过表达所述特征中的至少一个来区分任何其他植物分类，以及

③针对其无变化繁殖的适应性被视为一个单位；

(b) 繁殖材料：指整个植物、种子或植物的其他适合种植整个植物的部分或者以任何其他方式进行生产的。

◆ **植物品种保护的对象**

第106条

(1) 对于具有独特性、一致性、稳定性和新颖性的品种，应给予植物品种保护。

(2) 所有植物品属和种，包括一般物种或者不同物种之间的杂种，都可以成为植物品种保护的对象。

(3) 通过由给定的基因型或者基因型的组合稳定表达产生的特征，若与优先权日前任何现存的公知物种都不相同的，该品种应视为具有独特性。

具有下列情形的，应视为在申请日前便为公众所知的物种：

（a）已经是植物品种保护的对象，或者进入植物品种的官方登记簿；

（b）已提交给予植物品种保护或者进行国家登记的申请，条件是该申请能使植物品种保护得到授予或该品种进入植物品种的官方登记簿。

（4）授予品种权的植物新品种应当具备一致性，即该品种在特异性审查或其他对该物种的说明中，除可以预见的变异外，其相关的特征或者特性表达应在个体中具有充分一致性。

（5）授予品种权的植物新品种应当具备稳定性，即该品种在特异性审查或其他对该物种的说明中，该品种经过反复繁殖后或者在特定繁殖周期结束时，其相关的特征或者特性保持不变。

（6）授予品种权的植物新品种应当具备新颖性，即该品种在申请日前该品种繁殖材料未被销售，或者经育种者［参照本法第108（1）条］或权利继受人许可，以使用该品种为目的：

（a）在匈牙利境内销售该品种繁殖材料未超过一年；

（b）在匈牙利境外销售树本或者藤本植物未超过六年，销售其他植物品种繁殖材料未超过四年。

◆ **植物品种获得保护的资格**

第107条

（1）对下列品种的植物应授予新植物品种保护：

（a）符合本法第106条要求的；

（b）植物品种符合本条第（2）款赋予植物品种保护要求的；

（c）其申请符合本法规定要求的。

（2）植物品种必须被赋予适于识别的品种名称。

在下列情况下，品种名称尤其不适于识别：

（a）该品种指向与之相同或者密切相关的现有品种，或者可与之产生相混淆的品种的；

（b）其使用可能侵犯他人在先权利的；

（c）该品种的特征、价值或者品种特性或者育种特性容易产生误导或引起混淆的；

（d）仅由数字组成命名的，除非这是指定品种的既定做法；

（e）违反公共政策或者公共道德的。

◆ **植物品种育种者与植物品种保护权**

第 108 条

（1）育种者是种植或者发现及培育新品种的人。

（2）植物品种保护权属于育种者或者其权利继受人。

（3）根据本法，在下列情况下，申请人可以获得植物品种保护：

（a）申请人是匈牙利国民或者其居住地或住所在本国；

（b）申请人属于《国际植物新品种保护公约》（UPOV 公约）成员国的国民，或者其居住地或住所位于上述地区。

（4）除本条第（3）款规定的情形外，植物品种保护也可依据其他国际条约或者互惠原则获得。

在互惠的问题上，匈牙利知识产权局局长具有最终决定权。

（5）在育种者的道德权益、种植保护权、服务品种和职工种植品种以及育种者报酬等方面，参照适用本法第 7（2）至（7）条、第 8（2）至（4）条和第 9 至 17 条的规定。

◆ **植物品种保护授予的权利**

第 109 条

（1）植物品种保护应赋予植物品种所有者（以下称"所有者"）开发品种的独占权。

（2）依据其独占实施的专有权，所有者有权禁止未经其同意的任何人对受保护品种的繁殖材料采取以下行为：

（a）生产或者再生产（繁殖）；

（b）为繁殖目的而进行的改造；

（c）许诺销售；

（d）销售或者其他营销；

（e）出口；

（f）进口；

（g）为本款（a）至（f）项中提到的任何目的进行存储的。

（3）本条第（2）款的规定也适用于未经授权使用受保护品种的繁殖材料而获得的收获材料，或者未经许可将上述收获材料直接制成产品的，除非使用者对上述繁殖和收获材料有合理利用的权利。

（4）本条第（2）和（3）款的规定也适用于以下品种：

（a）其主要衍生自受保护的品种，其中受保护的品种本身不是其他品种衍生而来；

（b）无法根据本法第106（3）条与受保护品种进行明显区分；

（c）其生产需要重复使用受保护的品种。

（5）就本条第（4）（a）款而言，在下列情况下，一种品种应被视为基本来自另一种品种（"初始品种"）：

（a）其主要来源于初始品种，或者来自本身主要来源于初始品种的品种，同时保留由初始品种的基因型或基因型组合产生的基本特征表达；

（b）根据本法第106（3）条可以与初始品种进行明显区分；以及

（c）除派生过程产生的差异外，其符合初始品种的基因型或者基因型组合产生的特征表达。

（6）独占使用权不得扩至：

（a）个体使用或者不参与经济活动的行为；

（b）为实验目的实施与植物品种相关的行为；

（c）为培训其他品种的目的而实施的行为，以及除适用本条第（4）款规定的情形外，本条第（2）和（3）款所述的针对该其他品种的行为。

（7）—（8）［已废止］

◆ 因植物品种保护而产生报酬主张

第109A条

（1）除混合品种和合成植物品种外，农民可未经所有者许可，实施为了繁殖的目的自身持有的收获材料；该收获材料应通过播种获品种保护的植物品种的种子或者块茎（以下称"种子"）获得，且属于本条第（2）款规定的植物物种。

除本条第（4）款规定的例外情况外，对上述实施而言，所有者有权获得合理报酬。

（2）本条第（1）款适用于以下农作物种：

（a）草料植物：

①鹰嘴紫云英——豆科植物鹰嘴豆；

②黄色羽扇豆——羽扇豆属；

③苜蓿——紫花苜蓿；

④紫花豌豆——豌豆属；

⑤埃及车轴草——三叶草属；

⑥波斯三叶草——三叶草种；

⑦蚕豆——蚕豆属；

⑧野豌豆——豌豆属。

（b）谷类植物：

①燕麦——燕麦属；

②大麦——大麦属；

③米——稻属；

④加那利藨草——金丝雀草属；

⑤黑麦——黑麦属；

⑥黑小麦——黑小麦属；

⑦小麦——小麦属；

⑧硬质小麦——硬粒小麦属；

⑨斯佩尔特小麦——斯佩尔特小麦属。

（c）土豆植物：

土豆——马铃薯属。

（d）油脂纤维植物：

①瑞典甘蓝——油菜甘蓝属；

②球茎甘蓝——芸苔属；

③无籽亚麻——亚麻属。

（3）在本法中：

（a）自身持有：指持有农民实际用于种植植物的任何地产或其部分，而无论该财产是农民所有或者依其他法律依据使用；

（b）农民：指从事作物种植的自然人、法人或者其他非法人组织。

（4）本条第（1）款规定的支付报酬的义务不得适用于种植不足 20 公顷可耕作物或不足 1 公顷土豆的农民。

（5）本条和本法第 109B 条规定的权利可以由所有者个人或者通过其组织行使。

所有者的组织可以代表已向组织书面授权的成员或者其他所有者行使该权利。

所有者向组织出具书面授权的，不得自行主张报酬。

在强制执行本法第109C条和第114C条规定的主张时,《民事程序法典》第五章的规则适用于所有者组织进行的法律代表。

(6) 本条第(1)款规定的支付报酬的义务,应自农民为在田间繁殖而实际实施收割产品之日起有效。

(7) 报酬的比例和缴纳,受所有者与农民之间的协议约束。

所有者可与农民组织签订关于农民组织成员的协议。

(8) 未根据本条第(7)款达成协议的:

(a) 报酬的基础是所有者为繁殖各类植物品种而推荐的种子数量,乘以农民依据本法第109B(3)(c)条说明的土地大小所有者;报酬率为各种植物品种繁殖程度最低的封装种子价格所包含的许可费用的百分之五十,适用于上述数量;

(b) 根据相关情况合理的付款期限和付款方式,由所有者直接或者由代表收件人的农民组织向农民发出书面通知予以确定;在所有者的通知中,应当告知农民关于本款(a)项所确定的报酬率。

(9) 对于每个植物品种,根据本条第(8)(a)款所推荐的播种数量和应用于数量单位的许可费率,根据所有者的倡议,由负责农业政策的部长所领导的部门,在每年各自的播种期前公布于官方公报上。

除本条第(7)款规定的情况外,官方公报未公布的,不得通过公共机构主张该报酬。

第109B条

(1) 为了主张本法第109A(1)条项下的报酬,若以下数据记录入档的,在应要求、支付相关费用及证明法定权利的情况下,农业主管机关可向本法第109A(2)条规定的受保护的植物品种的所有者提供以下数据:

(a) 属于本法第109A(2)条所指的植物种类,在[不属于本法第109A(4)条所指范围内的]农民的控制场所管理的用于种子生产的持有人的受保护植物品种的名称、繁殖度和繁殖量,以及每个农民的姓名和其保有地的地址;

(b) 所有者的受保护植物品种的名称,以及加工过的生的种子的数量,该植物品种是种子处理者处理的属于本法第109A(2)条所述植物种类。

(2) 为了主张第109A(1)条项下的报酬,若以下数据记录入档的,在应要求、支付相关费用及证明法定权利的情况下,负责农业和农村发展的机构可向本法第 109A（2）条规定植物品种的植物种类所有者提供以下数据：

（a）告知种植本法第 109A（2）条规定的植物品种但不属于本法第 109A（4）条规定范围内的农民的姓名，以及其保有地的地址；

（b）本款（a）项定义的农民所使用的土地总体尺寸，表明每个植物品种利用的土地大小。

（3）为了主张本法第 109A（1）条项下的报酬，依据本法第 109A（1）条或者其他记录，可被视为使用植物品种的任何农民，在所有者要求下，有义务在合理期限内向其提供以下数据：

（a）属于本法第 109A（2）条规定的植物品种，所有者作为受益者进行保护，且其收获物是由农民在其自己的保有地中为了繁殖的目的而利用的植物品种的名称；

（b）对于本款（a）项项下的植物品种而言，数量、在特定经济年份中购入和利用的封印种子的封印编号，以及播种土地的大小；

（c）标明本款（a）项植物品种的收获物已播种的土地大小；

（d）为了根据本法第 109A（1）条进行利用而处理本款（a）项项下植物品种收获物的人的名称和地址。

（4）为了主张本法第 109A（1）条规定的报酬，种子处理者根据所有者的书面要求有义务提供关于为了播种所有者的属于本法第 109A（2）条规定的植物种类的受保护植物品种的收获物的目的而处理的量的信息，以及代为实施该处理行为的人的名称和地址（营业地）。

（5）可针对特定的经济年份和前三年中农民未向所有者提供数据的一年或多年要求提供本条第（3）和（4）款规定的数据。

任何有义务根据本条第（3）款提供数据的农民，应通过经认证的文件证明本条第（3）（b）款项下的与封印种子购入和利用量有关的数据。

（6）在根据本条第（3）和（4）款提出的要求中，所有者有义务提供其姓名和地址，以及属于其的受保护植物品种的名称。

根据本条第（3）款提出的要求的，所有者应讲明其认为农民根据本法第 109A（1）条进行使用所基于的事实。

应农民或者处理者要求的，所有者必须证明其法定权利。

（7）达成一致协议的，所有者还可通过其组织向农民或者种子处理者提交本条第（3）和（4）款项下的请求。

第109C条

(1) 在已重复通知后，仍未全部或部分提供本法第109B（3）和（4）条规定的数据的，或者提供虚假数据的，所有者可以主张提供或更正本法第109B（3）和（4）条规定的数据。

(2) 对所提供数据的真实性有争议的，由农民承担举证责任。

◆ **植物品种保护所授予的独占实施权的用尽**

第110条

(1) 植物品种保护所授予的独占实施权不得延至与受保护品种或者本法第109（4）条规定品种的任何材料有关的行为（该材料已经由所有者或者经其同意而在欧洲经济区范围内售出或者以其他方式出售），或者与产生于上述材料的任何材料有关的行为。

(2) 本条第（1）款所指行为涉及有关品种的进一步繁殖的，或者涉及使品种得以繁殖的材料的出口，而该材料出口至一个对本条第（1）款所指品种所属的植物属或种的品种不予保护的国家的，独占实施权应当延伸至该行为，除非该出口材料用于最终消费目的。

(3) 在本条第（1）和（2）款中，材料指繁殖材料、收获材料以及由该收获材料直接制成的任何产品。

◆ **植物品种的保护期**

第111条

确定性植物品种的保护期为二十五年，就藤本植物和树木而言，保护期为自授予该保护之日起三十年。

◆ **植物品种保护的维持**

第111A条

(1) 由具体立法确定的维持费应当在植物品种保护期内按年缴纳。

(2) 关于植物品种保护的维持和维持费，参照适用与专利保护的维持和维持费有关的规定。

◆ **植物品种育种人的报酬**

第 112 条

植物品种的育种人有权根据有关发明报酬的规定（参照本法第 13 条）获得报酬（育种人的报酬）。

◆ **植物品种的维持以及品种名称的使用**

第 113 条

(1) 在植物品种保护期间，所有者必须维持植物品种。

(2) 许诺销售或者销售品种的，应当允许将商标、地理标志或者其他类似标志与已经登记的品种名称相关联。

标志具有关联性的，该名称仍然必须易于识别。

(3) 许诺销售或者销售品种的，即使在植物品种保护终止后，也必须使用已经登记的品种名称，除非这种使用会侵犯其他人的在先权利。

◆ **产生于植物品种和植物品种保护的其他权利和义务**

第 114 条

(1) 产生于植物品种和植物品种保护的权利不得转让给任何根据本法第 108 (3) 和 (4) 条规定不能被授予植物品种保护的人。

有关权利继承的其他任何事项，参照适用本法第 25 条的规定。

(2) 授予植物品种保护后，植物品种保护所有者就同一品种获得欧盟植物品种权［参照本法第 115 (b) 条］的，在欧盟植物品种权终止前免于缴纳年费。

欧盟植物品种权在植物品种保护期届满之前终止的，所有者可以按照本法第 115B 条的规定请求恢复植物品种保护。

(3) 关于植物品种保护的确立、保护的限制、共同植物品种保护和共同植物品种保护权，参照适用本法第 18 条、第 21 条和第 26 条的规定。

(4) 与植物品种保护的道德和经济问题有关但本法未做规定的事项，应当适用民法典的规定。

◆ **实施合同**

第 114A 条

关于植物品种实施合同（植物品种许可合同），参照适用本法第 27 条至

第30条的规定；本法未做规定的事项，参照适用民法典的规定。

◆ **强制许可**

第114B条

（1）专利发明的实施必然侵犯植物品种保护（以下称"主植物品种保护"）的，应当根据请求在实施主植物品种保护的品种所必需的范围内，向从属专利的所有者授予强制许可，条件是从属专利中所主张的发明与主植物品种保护中所主张的品种相比，涉及具有重大经济利益的显著技术进步。

（2）有关授权实施受保护的植物品种的强制许可的其他任何事项，参照适用本法第31条、第32（2）条和第33条的规定。

◆ **植物品种和植物品种保护的侵权**

第114C条

（1）植物品种保护的侵权，指下列行为：

（a）非法实施处于保护期的植物品种；

（b）不履行本法第109A（1）条规定的支付报酬义务。

（2）关于植物品种和植物品种保护的侵权，参照适用本法第34条至第36条的规定。

◆ **植物品种保护的撤销**

第114D条

（1）下列情形中，植物品种保护应当有溯及力地予以撤销：

（a）植物品种保护的客体不符合本法第106（3）和（6）条规定的要求；

（b）植物品种保护的授予基本上是以育种人或者其权利继受人所提供的信息和文件为依据，且在授予植物品种保护时不符合本法第106（4）和（5）条规定的条件；

（c）植物品种保护已被授予根据本法规定无权获得该授予的人，除非该植物品种保护被转让给有权获得该授予的人。

（2）最终决定驳回撤销请求的，任何人不得对同一植物品种保护以同一理由提起新的撤销程序。

◆ 植物品种保护与品种名称的宣告无效

第 114E 条

（1）在授予保护后，植物品种保护不再满足本法第 106（4）和（5）条规定的条件的，应当宣告植物品种保护无效，并产生溯及力，溯及至提起宣告无效程序之日或者宣告无效的条件已经存在之日（以较早的日期为准）。

（2）除本条第（1）款所指情形外，所有者经要求并在规定的期间内未履行下列行为的，应当宣告植物品种保护无效，并产生溯及力，溯及至提起宣告无效程序之日：

（a）未向主管机关提供证实品种维护所必需的文件或者其他方法；

（b）在授予植物品种保护后，在先名称被宣告无效的，未请求登记另一符合本法第 107（2）条规定条件的品种名称。

（3）所有者经要求并在规定期间内没有核实已登记的品种名称符合本法第 107（2）条规定条件的，该品种名称应当被宣告无效。

品种名称被宣告无效之后，所有者提出包含符合本法第 107（2）条规定条件的品种名称的请求的，该新的品种名称应当进行登记。

（4）最终决定驳回植物品种保护或者品种名称的宣告无效请求的，任何人不得就同一植物品种保护或者同一品种名称以同一理由提起新的宣告无效程序。

◆ 有关植物品种保护终止的其他规定

第 114F 条

有关植物品种保护终止的其他任何事项，参照适用本法第 38 至 41 条、第 43 条的规定；但是，除本法第 39 条规定的情形之外，确定性植物品种保护被宣告无效的，该植物品种保护也应当终止，并产生溯及力，溯及至提起宣告无效程序之日或者宣告无效的条件已经存在之日。

第十四章 匈牙利知识产权局关于植物品种保护的程序

◆ 调整植物品种保护程序的一般规定

第 114G 条

（1）匈牙利知识产权局对植物品种保护的下列事项拥有权限：

（a）植物品种保护的授予；

（b）关于植物品种保护的终止和恢复的决定；

（c）植物品种保护的撤销；

（d）植物品种保护和品种名称的宣告无效；

（e）保存植物品种保护申请和受保护的植物品种的登记簿，包括有关其维持的任何细节；

（f）植物品种保护事项的官方信息。

（2）有关本法第106（3）至（5）条规定的条件的实验测试，应当由具体立法指定的主管机关（审查主管机关）在本国境内进行。

（3）在听证会上，匈牙利知识产权局应当通过由三名成员组成的委员会的形式进行撤销和宣告无效程序并作出裁决。

委员会应当以多数票作出裁决。

（4）关于恢复原状，参照适用本法第49条的规定，但有下列情形之一的，恢复原状应予以排除：

（a）未遵守提出优先权声明所规定的期限［参照本法第114L（2）条］或者主张优先权所规定的十二个月期限；

（b）未遵守提出恢复原状请求和继续执行程序请求所规定的期限［参照本法第48（3）条、第49（1）和（2）条］；

（c）未遵守提出重新确立植物品种保护的请求所规定的三个月期限［参照本法第115B（1）条］。

（5）有关植物品种保护的程序的语言应当为匈牙利语，品种新颖性的声明以及对该品种的临时性说明书应当使用匈牙利语，并提供该物种的匈牙利文通用名称。

有关语言使用的其他任何事项，参照适用本法第52（2）条的规定。

（6）在植物品种保护的申请公布之前，审查主管机关也可以查阅文件。

在公布之后授予保护之前，只有申请人、代理人、专家、要求提供专家意见的人以及审查主管机关才可以查阅该品种的临时性说明书。

有关文件查阅的其他任何事项，参照适用本法第53条的规定。

（7）本法没有相反规定的，只有复审的请求已经向法院提出的情况下，匈牙利知识产权局才可以撤回或者修改其对下列事项作出的终局决定：

（a）植物品种保护的授予；

（b）关于植物品种保护的终止和恢复的决定；

（c）植物品种保护的撤销；

（d）植物品种保护的宣告无效；

（e）品种名称的宣告无效；

（f）植物品种保护的重新确立。

（8）本法没有相反规定的，只有在确定该决定违背立法或者当事人一致要求修改或者撤回该决定的情况下，匈牙利知识产权局才可以撤回或者修改其基于复审请求而对本条第（7）（c）至（e）款所指事项作出的终局决定。

（9）本条第（1）至（8）款未规定的事项，参照适用第七章中有关植物品种保护管理程序的一般规定；但是，在植物品种保护方面，在本条第（10）和（11）款规定的例外情形中，程序中的一方当事人无权通知匈牙利知识产权局，且匈牙利知识产权局不负通过电子方式以书面形式通知当事人的义务。

（10）下列请求也可以通过电子方式提出：

（a）请求在受保护植物品种登记簿上登记本法第54（2）（d）至（f）条规定的事实变更；

（b）请求摘录登记簿；

（c）请求查阅文件。

（11）程序的一方当事人根据本条第（10）款的规定通过政府提供的身份查验服务，以电子形式提起程序的，匈牙利知识产权局应当向其通知有关请求的决定，或者以电子形式向其发送经认证的登记簿摘录。

（12）关于本条第（10）款所列请求的电子文件，参照适用本法第53D（4）至（9）条的规定。

◆ 受保护植物品种登记簿与信息公开

第114H条

（1）匈牙利知识产权局应当备存植物品种保护申请登记簿和受保护植物品种登记簿，含有关植物品种保护的一切事实和情况。

关于受保护植物品种登记簿及其条目，参照适用本法第54（2）至（5）条和第55条的规定；但是，本法提及的发明名称指品种名称、该物种的通用名称和拉丁文名称。

（2）关于与植物品种保护申请和植物品种保护有关的向公众提供的信息，参照适用本法第56条的规定；但是，本法提及的发明名称指品种名称、该物种的通用名称和拉丁文名称。

（3）根据《国际植物新品种保护公约》的有关规定，匈牙利知识产权局应当通知《国际植物新品种保护公约》各国和政府间组织品种名称的提交、注册和宣告无效以及宣告无效后注册的任何新的品种名称。

◆ **植物品种保护的授予程序；植物品种保护申请的提出及其要求**

第114I条

（1）植物品种保护的授予程序应当从向匈牙利知识产权局提交申请开始。

（2）植物品种保护申请应当包含一份植物品种保护的授予请求书、一份品种新颖性的声明、含有与本法第106（3）至（5）条规定条件有关的实验测试结果的确定性说明书、品种名称、该物种的通用名称和拉丁文名称；如有必要，还包含其他相关文件。

（3）由具体立法规定植物品种保护申请所要遵守的详细形式要求。

（4）植物品种保护申请应当缴纳由具体立法确定的申请费；费用应当在自申请日起的两个月内缴纳。

（5）构成申请的文件是用外文编写的，应当在自申请日起的四个月内提交匈牙利语的临时性说明书和物种的匈牙利文名称。

（6）在公布之前，申请人可以按照本法第41条的规定撤回对植物品种保护的申请。

匈牙利知识产权局应当按顺序记录撤回事项。

◆ **申请日**

第114J条

（1）植物品种保护的申请日是向匈牙利知识产权局提交至少包含下列内容之申请的日期：

（a）寻求植物品种保护的说明；

（b）确定申请人并且可与其联系的信息说明；

（c）品种的临时性说明书，即使该说明书不符合其他要求；

（d）临时性的品种名称；

（e）该物种的通用名称和拉丁文名称。

（2）引用一份优先权文件以替代品种的临时性说明书的，该引用应当足以确定该申请的申请日。

◆ **植物品种保护申请的单一性和分案**

第 114K 条

(1) 一件植物品种保护申请仅能针对一种植物品种寻求保护。

(2) 申请人在一件申请中要求保护一种以上植物品种的，可以对申请进行分案，并保留申请日和任何在先优先权（如有），直到实验测试开始。

有关分案的其他任何事项，适用本法第 73（2）和（3）条的规定。

◆ **优先权**

第 114L 条

(1) 确定优先权的日期应当：

(a) 通常而言，为植物品种保护申请的申请日；

(b) 在《国际植物新品种保护公约》规定的情况下，为国外申请的申请日。

(2) 本条第（1）（b）款规定的优先权应当在植物品种保护申请的申请日提出。

确定优先权的文件应当在自申请日起的四个月内提交。

(3) 基于其他国际条约或者以互惠为前提，在《国际植物新品种保护公约》和本条第（2）款所规定的条件下，已经向非《国际植物新品种保护公约》成员国的国家或者政府间组织提出申请的，也可以要求享有优先权。

就互惠而言，匈牙利知识产权局局长具有最终决定权。

◆ **申请的审查**

第 114M 条

(1) 提出植物品种保护申请后，匈牙利知识产权局应当审查：

(a) 该申请是否符合确定申请日的要求（参照本法第 114J 条）；

(b) 是否已经缴纳申请费［参照本法第 114I（4）条］；

(c) 是否已经提交匈牙利文的临时性说明书和该物种的匈牙利文名称［参照本法第 114I（5）条］。

(2) 提出申请之后的审查过程中，匈牙利知识产权局应当参照适用本法第 66（1）至（3）和（10）条的规定。

(3) 没有缴纳申请费或者没有提交该品种的匈牙利文临时性说明书和该物种的匈牙利文名称的，匈牙利知识产权局应当要求申请人在本法规定的期间内纠正不当之处［参照本法第114I（4）和（5）条］。

未遵守上述要求的，申请应当视为撤回。

◆ **特定信息的通知**

第114N条

植物品种保护申请符合本法第114M（1）条项下审查要求的，匈牙利知识产权局应当在专利和商标公报上公布官方信息，包含申请人及其代理人的姓名和地址、申请的参考编号、申请日和优先权日、申请中所述的品种名称、物种的通用名称和拉丁文名称。

◆ **关于形式要求的审查**

第114O条

植物品种保护申请符合本法第114M（1）条项下审查要求的，匈牙利知识产权局应当审查该申请是否符合本法第114I（2）和（3）条的形式要求。

在此过程中，参照适用本法第68（2）至（4）条的规定。

◆ **公布和查阅**

第114P条

（1）关于植物品种保护申请的公布，参照适用本法第70条的规定；但是，申请符合本法第114M（1）条项下审查要求的，经申请人要求，可以提前予以公布。

（2）公布后，任何人可以在植物品种保护的授予程序中向匈牙利知识产权局提交异议，大意是该植物品种或者其申请不符合本法规定的任一保护要求。

有关异议的其他任何事项，参照适用本法第71（2）和（3）条的规定。

◆ **植物品种保护申请的实质审查**

第114R条

（1）匈牙利知识产权局对申请进行实质审查时，应当确定：

（a）该植物品种是否符合本法第106（3）至（6）条的要求；

（b）该植物品种是否已经获得一个符合本法第107（2）条要求的品种名称；

（c）植物品种保护申请是否符合本法规定的要求。

（2）本法第106（3）至（5）条规定的条件应当在国家注册程序中进行评估或者以在有关植物品种保护的程序中作出的实验测试结果为依据。

（3）外国主管机关进行的实验测试的结果，经其同意，可以予以考虑。

申请人提交外国主管机关进行的实验测试的结果的，匈牙利知识产权局应当将测试结果连同外国主管机关的同意书转交给审查主管机关［参照本法第114（2）条］。

审查主管机关使用实验测试结果的，应当依据具体立法的规定进行。

（4）实验测试的费用应由申请人承担。

（5）申请人可以在自优先权日起的四年内或者在收到实验测试结果通知之日起的三个月内向匈牙利知识产权局提交实验测试结果，以后届满的期限为准。

（6）实验测试的结果在自优先权日起四年期满前的三个月内未提交的，匈牙利知识产权局应当要求申请人在本条第（5）款规定的期限内纠正不当之处，或者核实尚未通知实验测试的结果。

申请人不遵守上述要求的，应当视为放弃植物品种临时保护。

（7）植物品种保护申请不符合本条第（1）款项下审查要求的，应当根据异议的类型要求申请人纠正不当之处、提交意见或者对申请进行分案。

在此过程中，匈牙利知识产权局应当参照适用本法第76（2）至（4）条的规定。

◆ 通知审查主管机关

第114S条

（1）在通知植物品种保护申请的特定信息的同时（参照本法第114N条），匈牙利知识产权局应当将本法第114J（1）条所述文件的副本转交审查主管机关。

有关植物品种保护事项以及执行审查主管机关的职务所必需的文件副本，也应当随之发送。

（2）植物品种保护的授予程序在未授予保护的情况下终结的，匈牙利知识产权局应当通知审查主管机关，向其发送终结程序的决定副本。

◆ 植物品种保护的授予

第114T条

（1）植物品种及其申请符合全部审查要求的［参照本法第114/R

（1）条］，匈牙利知识产权局应当就该申请的客体授予植物品种保护。

（2）植物品种保护的授予和品种名称应当登记在受保护植物品种登记簿［参照本法第114H（1）条］中，且官方信息应当在匈牙利知识产权局的官方报纸上公布（参照本法第56条）。

植物品种保护的授予日期为决定授予之日。

匈牙利知识产权局应当向审查主管机关发送授权决定书，通知其植物品种保护的授予和品种名称的登记。

（3）授予植物品种保护之后，匈牙利知识产权局应当颁发证明书，并附上该品种的确定性说明书。

◆ **有关植物品种保护的其他程序**

第114U条

（1）任何人可以针对植物品种保护的所有者提起撤销或宣告植物品种保护无效或者宣告品种名称无效的程序。

在本法第114D（1）（c）条中，只有根据本法规定有权享有植物品种保护的人，才可以请求撤销该植物品种保护。

（2）有关植物品种保护的其他程序的其他任何事项，参照适用本法第79条至第81条的规定。

第十四A章　植物品种保护案件的诉讼程序

◆ **关于植物品种保护诉讼程序的规定**

第114V条

关于植物品种保护的诉讼程序，参照适用第十一章和第十二章的规定，但本法第53A（3）条所指的判决应当视为本法第114G（7）条所指的判决。

第十四B章　关于欧盟植物品种权制度的规定

◆ **一般规定**

第115条

在本法中：

(a)《欧盟植物品种条例》：指理事会关于欧盟植物品种权的第 2100/94 号条例；

(b) 欧盟植物品种权：《欧盟植物品种条例》第 1 条所指的植物品种权；

(c) 欧盟植物品种权申请：根据《欧盟植物品种条例》提出的授予欧盟植物品种权的申请。

◆ 欧盟植物品种权申请的转交

第 115A 条

(1) 根据《欧盟植物品种条例》第 49（2）条的规定，向匈牙利知识产权局提出的欧盟植物品种权申请的转交，应当缴纳由具体立法规定的转交费。

(2) 未缴纳欧盟植物品种权申请的转交费的，匈牙利知识产权局应当要求申请人纠正不当之处。

匈牙利知识产权局应当在缴纳转交费的前提下转交植物品种申请。

◆ 植物品种保护的重新确立

第 115B 条

(1) 在欧盟植物品种权终止的情况下，根据《欧盟植物品种条例》第 92（2）条的规定，植物品种保护的所有者可以在自欧盟植物品种权终止之日起的三个月内向匈牙利知识产权局请求重新确立植物品种保护。

(2) 所有者应当在植物品种保护的重新确立请求中证明欧盟植物品种权利终止的事实和日期，并且在自提交请求之日起的两个月内，缴纳欧盟植物品种权终止当年年费的比例部分和次年年费。

(3) 重新确立植物品种保护的请求不符合本法规定的要求的，应当要求所有者纠正不当之处；未缴纳本条第（2）款规定的年费的，应当要求所有者在本条第（2）款规定的期限内缴纳。

未遵守上述要求的，该请求应当视为撤回。

(4) 匈牙利知识产权局准许重新确立植物品种保护的请求的，植物品种保护应当自欧盟植物品种权终止后的次日起重新确立。

(5) 所有者在自欧盟植物品种权终止之日起的三个月内没有请求重新确立植物品种保护的，植物品种保护应当在欧盟植物品种权终止后的次日根据本法终止。

◆ 侵犯欧盟植物品种权的法律制裁

第 115C 条

根据《欧盟植物品种条例》第六部分的规定，侵犯欧盟植物品种权的，与侵犯匈牙利知识产权局根据本法授予的植物品种保护适用同样的制裁和救济措施。

第六部分　关于匈牙利知识产权局的规定

第十四C章　匈牙利知识产权局

◆ 匈牙利知识产权局的法律地位

第 115D 条

（1）匈牙利知识产权局（本章以下称"知产局"）是知识产权保护的政府部门。

（2）知产局局长由总理任命和撤职；两位副局长由行使监督权的部长（以下称"部长"）根据局长的提议任命和撤职。

（3）除任命和撤职之外，对副局长的领导权由知产局局长行使。

（4）知产局位于布达佩斯。

◆ 知产局的管理

第 115E 条

（1）知产局应当以其收入承担运行成本。

（2）在知产局的工业产权程序中，应当缴纳由具体立法规定的行政服务费。

应当针对知产局制备的经公证或未经公证的副本、摘录、翻译，以及知产局进行的公证缴纳费用。

在本法或者特别法规定的情况和条件下，应当在具体立法规定的范围内缴纳工业产权保护的维持和续期费用。

这些费用的费率应当定期审查。

除本条第（3）款规定外，审查期间应当考虑工业产权制度的运作费用、各种形式的工业产权保护的特殊性以及以工业产权保护为手段促进创新等方面。

（3）知产局的收入包括行政管理服务费、本条第（2）款规定的维持费和续期费、知产局依据世界知识产权组织管理的国际条约而从事的行政管理活动的费用和份额、具有延及匈牙利境内的统一效力的欧盟或者其他区域工业产权保护所缴纳的费用份额、知产局所提供的服务收入以及其他收入。

该等收入应当确保知产局的持续和平稳运作。

（4）知产局有权独立管理其收入，并用其支付运作成本。

（5）知产局有权从其收入中设立不超过给定年度实际收入5%的财务储备金。

设立的储备金应当在其成立后的第二年年底之前完全用以承担知产局的运作成本，不得用于其他任何目的。

（6）知产局应当每年公布一份有关其收入及其使用的报告。

（7）知产局应当使其作为所有者而进行控制的政府法令所确定的公司参与到本法第115I条和第115K条所指的任务执行中；此外，知产局可以利用该等公司的服务来执行其任务和支持其运营和管理。

◆ **国家知识产权理事会**

第115F条

（1）在执行本法第115J条至第115L条所指任务时，国家知识产权理事会（以下称"理事会"）应当作为专业咨询和意见提供的机构协助知产局局长。

应知产局局长的要求，理事会应当就保护知识产权的综合措施草案（方案、战略计划、国家和欧盟法案、国际协定）发表意见。

理事会参与制定知识产权保护的国家战略，并监督和促进其实施。

（2）理事会是一个由不超过十二名具有工业产权和版权专业知识或者知识产权相关学科专业知识的成员所组成的机构。

（3）知产局局长应当通知部长其提议作为理事会成员的人员，部长可以在自收到通知之日起的十五日内就该等人员提出异议。

针对其提出异议的人不得任命为理事会成员。

理事会成员随后应当由知产局局长任命。

(4) 理事会成员任期三年。

该任命只适用于本人,并且不得进行更换。

任期可以延长三年。

(5) 下列情况下,应当终止成员资格:

(a) 规定期间届满;

(b) 辞职;

(c) 撤职;

(d) 该成员死亡。

(6) 理事会应当按照知产局局长确定的程序规则运作。

◆ **知产局的职责与权限**

第 115G 条

知产局的职责与权限包括:

(a) 工业产权领域的官方审查和程序;

(b) 有关版权以及相关权利的特定任务的执行;

(c) 中央政府在知识产权领域的通知和记录活动;

(d) 参与制定知识产权立法;

(e) 制定和实施保护知识产权的政府战略,启动和执行该目的所必要的政府措施;

(f) 执行知识产权保护领域内的国际合作和欧洲合作的专业任务;

(g) 执行与评估研究与开发活动有关的官方和专家工作。

第 115H 条

(1) 知产局应当执行本法和具体立法规定的工业产权主管机关的下列工作:

(a) 审查专利、植物品种、实用新型、拓扑、外观设计、商标和地理标志等申请和补充保护证明的申请,产生于该等申请的保护的授予和登记,以及与授予权利有关的程序;

(b) 审查和转交专利、外观设计、商标和原产地名称的国际申请,以及进行检索、审查、转交、登记和产生于以国际协议、其他国际条约和欧盟法律为依据的区域工业产权合作并委托给国家工业产权主管机关的其他程序性行为。

(2) 应海关的要求,在因知识产权侵权而提起的海关程序中,知产局应当提供有关工业产权所有者的信息资料。

（2a）依据具体立法，知产局应当针对研究与开发活动开展初步评估工作，并且应当参与决定涉及取得研究或者开发活动资格的具体问题，以及特定费用是否可以分配给某一既有的研究与开发活动。

（3）依据具体立法，知产局应当为工业产权专家委员会的运作做好准备。

（4）就版权和与版权相关的权利而言，知产局应当依据具体立法尤其执行以下工作：

（a）作者未知或者下落不明（无主作品）的，应当授予该作品的使用许可，并进行登记；

（b）登记对版权和相关权利进行集体管理的组织；

（c）监督权利集体管理组织的活动；

（d）规定使用费和税费的行政批准、权利集体管理组织的扶持政策以及该等代表权利持有人的组织的收入使用，并采取必要措施；

（e）进行作品的自愿登记；

（f）为版权专家委员会和专家委员会内部的调解委员会的运作做好准备。

（5）依据具体立法，知产局局长应当对匈牙利专利律师事务所的活动进行合法性控制。

第 115I 条

在知识产权领域中央政府的记录和通知活动的范围内，知产局尤其应当执行以下工作：

（a）就工业产权事项发表官方公报；

（b）公布匈牙利专利说明书、实用新型、工业品外观设计和拓扑说明书，以及国际协议规定的说明书；

（c）通过使用信息技术工具进行收集、处理工业产权文件，并使公众能够在专门的公共图书馆中查阅；

（d）提供有关知识产权保护的信息和文件服务。

第 115J 条

（1）在有关知识产权保护的问题上，负责司法的部长应当提交一份适用法律或者政府法令的建议书，并就这些问题在政府和议会面前代表知产局。

（2）知产局应当参与制定影响知识产权保护的立法草案并对其发表意见。

(3) 知产局应当研究和分析知识产权立法的实施情况，评估和评价有关立法适用的效果和经验。

(4) 为了提高知识产权保护，知产局应当遵照国际义务和欧盟义务以及政府在经济战略、研究与开发、技术、创新、文化等领域的政策目标，启动工业产权和版权新立法的适用工作以及对现行法律规则进行的修订，并且应当参与制定这部分立法。

第 115K 条

为了制定和实施旨在保护知识产权的政府战略以及启动和执行该目的所必要的政府措施，知产局尤其应当执行以下工作：

(a) 通过分析知识产权保护的相关国内、国外和国际趋势，制定、完善和实施政府的经济战略及其研究与开发、创新、技术和文化政策，监测知识创造、创新和工业产权活动的发展，制定一套知识产权评估方法以及提供官方实践；

(b) 启动、制定、执行和参与促进知识创造和创新活动的方案；

(c) 参与完善服务于知识创造和创新成果的公众认知制度，并发起、组织或者推动与知识创造活动和知识产权保护有关的竞赛、展览和其他项目；

(d) 传播有关知识产权保护的知识，发展工业产权文化，通过信息、客户和咨询服务、专业建议和其他手段丰富企业的工业产权和版权知识，特别是中小型企业，并促进企业对知识产权的尊重；

(e) 根据具体立法的规定，运作国家反假冒委员会，并以其他方式建立和完善有效执行知识产权所必要的条件制度；

(f) 专门监督公立学校系统以外的知识产权培训，运作其制度，并为工业产权和专利律师考试的组织做好准备；

(g) 规定匈牙利外观设计委员会的运作，并参与颁发国家设计奖和奖金的实施；

(h) 提高与树立国家形象、建立统一的国家品牌以及推广和保护与典型匈牙利产品的名誉相一致的知识产权保护。

第 115L 条

在知识产权领域的国际和欧洲合作框架内，知产局应当与中央国家行政机关合作，执行以下代表性工作或者其他专门工作：

（a）参与世界知识产权组织、欧洲专利组织、国内市场协调局、欧盟植物品种局、世界贸易组织 TRIPS 理事会的管理机构和其他机构的活动，以及基于负责该事项的部长的一般或者特别授权的其他国际组织的活动；

（b）规定欧洲专利组织成员国所享权利和所负义务的行使和履行，并执行由国家专利当局负责的欧洲专利制度运行中的工作；

（c）在知识产权保护领域，执行匈牙利作为欧盟成员国所产生的工作，参与确立在欧盟的决策过程中所代表的政府立场，以及在欧盟理事会和委员会的知识产权专门机构中代表政府立场、执行涉及合作的专业工作，并且与欧盟的工业产权主管部门合作；

（d）参与制定和实施以知识产权保护为目的的国际协议，并对这些协议的缔结提出建议；

（e）与其他国家和国际组织的知识产权主管机关保持联系。

第十四 D 章　与匈牙利知识产权局工业产权程序中的行政管理服务费和工业产权保护的维持或者续期费用有关的一般规则

◆ 维持费和恢复保护请求费的缴纳

第 115M 条

（1）专利、植物品种保护和实用新型保护的维持费以及补充保护证明的维持费，在六个月宽限期间的前三个月无须缴纳附加费，从该期间的第四个月开始应当缴纳 50% 的附加费。

维持费在六个月宽限期间届满后缴纳的，基于恢复原状的要求，应当缴纳附加费。

（2）专利申请和植物品种保护申请在公布之后分案的，就分案所产生的新申请而言，缴纳维持费的宽限期间由于分案且在分案之前到期的，宽限期间应当自认可分案的决定成为最终决定时开始起算。

（3）维持费也可以在宽限期间开始之前的两个月内缴纳。

◆ 补贴、免缴和延期

第 115N 条

工业产权程序中的行政管理服务费以及维持费和续期费，根据本法第

115O 条和第 115P 条规定的情况，不得适用补贴和免缴。

第 115O 条

（1）在缴纳之日，有权获得保护权利的人或者该保护的所有者是发明人、育种人或者设计人本人的，应当缴纳专利申请和检索费、审查和授予费以及实用新型保护、植物品种保护、外观设计或者拓扑保护申请费的 1/4。

（2）在缴纳之日，专利、实用新型或者植物品种保护的所有者是发明人或者育种人本人的，应当缴纳专利、实用新型或者植物品种保护的维持费的一半。

（3）在缴纳之日，外观设计保护的所有者是设计人本人的，应当缴纳外观设计保护的续期请求费的一半。

（4）没有要求享有与其申请有关的外国申请优先权的，或者基于没有要求享有外国申请优先权的申请而产生的保护，发明人、育种人或者设计人有权享有本条第（1）至（3）款规定的补贴。

（5）在有多个发明人、育种人或者设计人的情况下，任何一个发明人、育种人或者设计人为了共同发明人、共同育种人或者共同设计人的利益而放弃保护权利或者该保护本身的，或者任何一个发明人、育种人或者设计人由其继承人继承的，也应当适用本条第（1）至（4）款的规定。

第 115P 条

（1）经要求，匈牙利知识产权局可以准予免缴专利申请和检索费、审查费和授予费以及植物品种、实用新型、外观设计和拓扑保护的申请费，植物品种和实用新型保护的维持费用；此外，作为自然人的权利持有人由于工资、收入和财务状况而无法承担费用的，还可以准予延期缴纳专利、植物品种和实用新型保护的第一年至第五年期间的维持费，延期缴纳的费用应与第六年的维持费共同缴纳。

（2）只有能够证明其收入（工资、退休金、其他常规性财务津贴）没有超过最低工资（最低工资）规定的标准，且除生存所需之外没有其他资产和家具的自然人，才有权获得免缴和延期。

免缴应当授予接受常规性社会救助的人，无须证明其收入和财务状况。

（3）不存在本条第（2）款规定的条件，但匈牙利知识产权局考虑该自然人的其他情况，认为自然人及其家属的生存处于危险之中的，也可以特别准予免缴和延期。

（4）免缴或者延期的请求中，应当附上申请人以及根据民法典规定与其共同生活的近亲属（以下称"近亲属"）的由雇主出具的不少于三十日的收入证明，或者应当附上领取退休金者（替代或者除雇主出具的收入证明以外）的上一个月的退休金保险单（邮寄证明），或者将退休金转入银行账户的，应当附上上一个月的银行账户对账单。

（5）申请人以及与其共同生活的近亲属的收入不视为与工作有关的收入或者退休金的（如奖学金、与教育有关的收益、社会保险福利、失业津贴、其他正规的金钱收益、业务收款、不动产出租、利息收入、汇兑收益、股息收入等），应当附上邮寄证明、银行账户声明、这些收入的出纳证明或者其他可用于证明收入的文件。

（6）申请人以及与其共同生活的近亲属没有工作且不是退休金领取者，没有其他收入的，应当在请求中声明该事实。

（7）就本条第（3）款而言，除可用于证明其收入或者退休金的文件以外，申请人可以在请求中提出其他可以确定该自然人及其家属的生存处于危险之中的情况（灾害、疾病等）。

（8）提出的免缴或者延期请求中包含不当之处的，应当要求申请人在规定的期限内予以纠正。

在要求中应当警告申请人，未纠正不当之处将导致其请求的驳回。

（9）尽管已经纠正，但仍然不符合本条第（1）至（7）款规定的要求的，应当驳回请求。

申请人在规定的期限内未回应要求的，其请求应当视为撤回。

（10）不得对匈牙利知识产权局关于免缴或者延期的驳回命令提出单独的法律救济，可以在就终结工业产权程序的决定提出的复审请求中请求复审该命令。

◆ 截止日期

第 115R 条

（1）除非法律另有规定，在工业产权程序中应缴纳的行政管理服务费和续期费，应当在申请提出之日或者请求提出之日缴纳。

（2）维持费的截止日期应当根据本法和其他法律的规定确定。

（3）通过转账方式缴纳行政管理服务费、续期费和维持费的，缴纳的日期为钱款转入由具体立法规定的知产局账户之前的第二个银行工作日；从国外转账的，缴纳的日期为钱款转入之前的第五个工作日。

匈牙利国家财政部的日程表对于计算银行的工作日具有决定性。

通过汇票缴纳的，缴纳日期应当为签发汇票的日期。

◆ **未缴纳费用的法律后果**

第 115S 条

（1）在工业产权程序中未缴纳费用的，应当要求当事人纠正不当之处或者予以警告，但本条第（2）和（3）款规定的例外情形除外。

当事人仍未缴纳规定费用的，申请和请求应当被驳回或者视为撤回，但相关法律对未缴纳费用的情况规定了不同法律后果或者不同程序规则的除外。

（2）未按照本法和具体立法规定的规则缴纳维持费的，将导致保护终止。

（3）未缴纳请求费的，延长期限的请求、继续执行程序或者恢复原状的请求、提供补充书面意见的检索报告的请求，以及加快补充书面意见的检索报告的制作程序的请求，不得视为已经提出。

第七部分　最终条款

第十五章　生效条款与过渡性条款

◆ **工业产权专家机构**

第 115T 条

（1）在工业产权法律纠纷中产生的专业问题，法院和其他机关可以请求匈牙利知识产权局的工业产权专家委员会提供专家意见。

（2）经要求，工业产权专家委员会也可以在诉讼之外根据委托就工业产权问题提出专家意见。

（3）该委员会的组织和活动的详细规则由具体立法规定。

◆ **本法生效条款和过渡性条款的规则**

第 115U 条

（1）本法自 1996 年 1 月 1 日起施行；除本条第（2）和（5）款规定的例

外情况外，本法规定仅适用于在本法生效后开始的程序。

（2）未决事项亦可参照适用本法第 49 条的规定。

（3）在本法生效之前订立报酬合同或者专利许可协议，或者使用职务发明的，应当适用在合同订立或者使用时有效的规定。

（4）本法生效以前开始的实施，应当受制于先前适用的关于专利保护和专利侵权的范围和限制的规定。

（5）在本法生效之日有效的专利的注册、维持、终止和恢复，应当受制于本法的规定；但是，关于专利撤销的条件，在优先权日适用的规定应当具有决定性。

（6）［已废止］

第 116 条

《关于对〈关于匈牙利共和国部委名单和修订特定工业产权法律的法律〉（2010 年第 42 号法律）进行必要修订的第 148 号法律》规定的本法第 84G 条和第 84H 条应适用于欧洲专利公报已针对其获授予专利予以公布的欧洲专利。

第 117 条

（1）2003 年 1 月 1 日以前开始的实施，在 2003 年 1 月 1 日实施的范围内，应当受制于先前有效的关于专利保护和专利侵权的范围和限制的规定。

（2）根据 2003 年 1 月 1 日以前有效的规定而授予的植物品种专利，应当在以下范围内适用本法关于植物品种的规定：

（a）2003 年 1 月 1 日以前开始的实施，在 2003 年 1 月 1 日实施的范围内，应当受制于先前有效的关于保护和侵权的范围和限制的规定；

（b）本法第 110（2）条仅适用于 2003 年 1 月 1 日以前投入市场的材料；

（c）就授予植物品种的专利而言，依据先前有效的规定而计算的保护期届满，从而导致确定性专利保护在 2003 年 1 月 1 日之前到期的，如果根据本法第 111 条计算的植物品种保护期的最后一年维持费在确定性植物品种保护因根据先前有效的规定计算的保护期届满而终止的当天到期，应当适用本法第 21（4）条、第 23 条和第 40 条；

（d）确定性植物品种保护因本法生效以前的到期而终止的，也应当适用本法第 113（3）条；

（e）产生于植物品种和植物品种保护的权利转让合同，应当适用订立合同时有效的规定；

（f）申请日在 2003 年 1 月 1 日以前并且授予植物品种和植物品种保护的专利，其撤销和宣告无效的条件，以及宣告品种名称无效的条件，应当适用申请日时的有效规定，该规定可能是对撤销授予植物品种的专利和宣告品种名称无效的规定。

（3）通过授予植物品种的专利，植物品种保护应当视为自 2003 年 1 月 1 日起开始。

（4）根据先前有效的规定授予动物品种的专利，即使在 2003 年 1 月 1 日以后也应当适用先前有效的关于动物品种的特别规定。

（5）自 2008 年 1 月 1 日起生效的本法第 12（4）条、第 41（2）条和第 48（2）条的规定，应当适用于在 2008 年 1 月 1 日时未决的程序。

（6）申请日在 2008 年 1 月 1 日以前的专利的撤销条件，应当适用提出专利申请之日有效的规定。

（7）2008 年 1 月 1 日以前开始的实施，在 2008 年 1 月 1 日实施的范围内，应当受制于先前有效的关于专利保护范围的规定。

第 117A 条

《关于修订特定知识产权法律的 2013 年第 159 号法律》规定的本法第 69A 条和第 115S（3）条，也应当在程序中适用，如果请求提供补充书面意见的检索报告的期限由于《关于修订特定知识产权法律的 2013 年第 159 号法律》生效之前有效的规则而届满。

◆ 授权

第 118 条

（1）政府应当获授权通过法令制定关于工业产权专家委员会的组织和活动的详细规则。

（2）政府应当获授权通过法令制定与补充与保护特定产品有关的《欧盟条例》的实施规则。

（3）政府应当获授权通过法令制定在专利程序中保藏和处理生物材料的详细规则。

（4）政府应当获授权通过法令制定在工业产权程序中以电子形式提交特

定文件的详细规则。

（4a）政府应当获授权通过法令制定国家反假冒委员会的组织和运作规则。

（4b）政府应当获授权通过法令设立本法第115E（7）条定义的公司，并制定任务执行和服务利用的规定。

（5）负责司法的部长应当获授权通过法令，经与匈牙利知识产权局局长磋商，并与经济部长达成一致，制定专利申请、与欧洲专利申请有关的文件、欧洲专利和国际专利申请以及植物品种保护申请的详细的正式规则。

（6）部长应当获授权通过法令，经与匈牙利知识产权局局长磋商，并与负责税收政策的部长达成一致，加以考虑工业产权程序和各种形式的工业产权保护的特殊性，从而制定在匈牙利知识产权局的工业产权程序中所缴纳的行政服务费的费率，并制定与在匈牙利知识产权局的工业产权程序中所缴纳的行政服务费以及维持和续期费用的处理、登记、退还和缴纳方式有关的详细规则。

（7）政府应当获授权通过法令制定专利申请分类程序的详细规则。

（8）部长应当获授权通过法令，经与匈牙利知识产权局局长磋商，并加以考虑工业产权保护制度的运作成本、各种形式的工业产权保护的特殊性以及通过工业产权保护手段促进创新等方面，从而确定工业产权保护的维持和续期所要缴纳费用的费率。

◆ **对欧盟法律的遵守**

第119条

（1）本法遵守以下欧盟法律：

（a）1998年7月6日欧洲议会和理事会关于生物技术发明的法律保护的第98/44/EC号指令；

（b）2004年4月29日欧洲议会和理事会关于执行知识产权的第2004/48/EC号指令。

（2）本法规定实施以下欧盟法律所必要的规则：

（a）1994年7月27日理事会关于欧盟植物品种权的第2100/94号条例（EC）；

（b）2006年5月17日欧洲议会和理事会关于与向有公共健康问题国家出口的药品生产相关的专利的强制许可的第816/2006号条例（EC）。

· 1991年第38号法律·

匈牙利实用新型保护法[1]

秦 洁[*] 刘天松[**] 译

第一章 实用新型保护的客体和受保护权利

◆ **受保护的实用新型**

第1条

(1) 任何与物品的构造或建造有关的或其部件的安排的解决方案(以下称"实用新型"),只要其具有新颖性、创造性且能作工业应用,都应当给予实用新型保护。

(2) 依据本条第(1)款的含义,实用新型保护特别不应给予下列物品:

(a) 物品的美观设计;

(b) 植物品种。

第2条

(1) 一项实用新型如果不属于现有技术的一部分,则应当视为具有新颖性。

(2) 现有技术应当包含所有在优先权日以前、公众能够通过书面描述或在国内以公开使用的方式可获得的技术。

(3) 具有较早优先权日的专利申请或实用新型申请的内容亦应被视为构

---

[1] 本法根据世界知识产权组织(WIPO)英文版本翻译。——译者注

[*] 译者简介:法学博士,西南政法大学知识产权学院副教授,硕士生导师。

[**] 译者简介:西南政法大学知识产权法学硕士研究生。

成现有技术，但前提是其在优先权日之后的授权程序中公开或公告。欧洲专利申请和国际专利申请的内容应被视为现有技术，但应仅限于符合《发明专利保护法》（以下称"专利法"）中规定的关于通过专利保护发明的特殊条件。就此处规定而言，摘要视为不包含在申请内容之中。

（4）就本条第（1）和（2）款而言，在不早于优先权日前六个月发生的文字说明或公开使用，如由申请人所作或经申请人或其所有权前任人同意所作，或由于滥用申请人或其所有权前任人的权利所致，则不应予以考虑。

第 3 条

（1）实用新型根据现有技术对于熟练技术人员不具有显而易见性的，应视为具有创造性。

（2）就本条第（1）款而言，不应考虑本法第 2（3）条提及的现有技术部分。

第 4 条

实用新型在各种工业活动包括农业中可以生产或使用的，视为该实用新型适用于工业应用。

第 5 条

（1）符合下列条件的，申请应被授予实用新型保护：

（a）实用新型符合本法第 1 条至第 4 条规定的要件，且并未根据本条第（2）款和本法第 1（2）条排除实用新型保护的；

（b）申请符合本法规定的形式要件。

（2）实用新型的使用违反国家法律或公共道德的，不得授予保护，但法律仅禁止交易此类产品的除外。

实用新型的发明人和实用新型保护权

第 6 条

实用新型的发明人是创造实用新型的人。

第 7 条

（1）实用新型保护权属于发明人或其所有权继承人。

（2）实用新型由两人或多人共同创造的，实用新型保护权由该共同创造人或其所有权继承人共同享有。实用新型由两人或多人独立创造的，实用新型保护权由向匈牙利知识产权局提交具有最早优先权日申请的发明人或其所有权继承人享有。

第 8 条
由雇佣工作人员或公共服务工作人员、具有服务关系的工作人员或者在具有雇佣性质法律关系范畴内合作工作的人员所创造的实用新型，参照适用关于职务和雇员发明的规定。

第 9 条
有关实用新型发明人的精神权利以及实用新型保护权的任何其他事项，参照适用专利法关于发明人精神权利和专利权的规定。

◆ 实用新型保护的确立和期间

第 10 条
实用新型保护从向申请人授予保护之日起算，并追溯至提交申请之日生效。

第 11 条
（1）实用新型的保护期为十年，自申请提交之日起算。
（2）实用新型保护期内应支付年度维持费。首年费用应于提交日期提前支付，随后各年的费用应于申请周年日提前支付。授予实用新型保护前到期的年费可在自最终授权决定之日起的六个月宽限期内支付，而所有其他年费也可自到期日起六个月宽限期内支付。

◆ 实用新型保护赋予的权利及其范围和限制

第 12 条
实用新型保护应根据法律规定赋予权利人实施实用新型或许可他人实施实用新型的排他权。排他实施权应包括制造、使用或进口实用新型的客体或在经济活动范围内将其投放市场。

第 13 条

（1）实用新型的保护范围由权利要求书确定。权利要求书只能依据说明书和附图进行解释。

（2）实用新型的保护应涵盖呈现权利要求书所有特征的任何产品，或其中的一项或多项特征被相等特征所替代的任何产品。

（3）权利要求书中的一项或多项特征在产品中由实用新型保护权利人或实用新型发明人提供给被许可人的改进特征所替代，因实用新型保护获得报酬的权利不受影响。

第 14 条

源自实用新型和实用新型保护的权利，除发明人的精神权利外，可予以转让、让与或质押。

第 15 条

根据实施合同（实用新型许可合同），实用新型所有人可将实用新型实施权许可他人，而实用新型实施人需支付许可使用费。

第 16 条

（1）实施一项受保护的实用新型必然侵犯另一实用新型的，应在实施的必要范围内向主实用新型授予强制许可。

（2）实施一项专利发明或受保护的植物品种必然侵犯另一受保护的实用新型的，应在实施的必要范围内向主实用新型授予强制许可。

第 17 条

（1）关于所有权继承、对源自实用新型和实用新型保护的权利进行的质押以及许可合同，参照适用专利法的规定。

（2）关于针对受保护的实用新型实施强制许可、实用新型保护的限制和权利用尽，参照适用专利法关于强制许可的一般规定，以及其关于专利保护的限制和权利用尽的规定。

（3）关于实用新型保护的共同权利和共同实用新型保护，参照适用专利法关于专利共有权利和共有专利的规定。

第二章　侵犯实用新型和实用新型保护

◆ 侵犯实用新型

第 18 条

从他人处非法获取实用新型申请或者实用新型保护客体的，受损害的一方或者其所有权继承人可请求全部或部分让与实用新型申请或实用新型保护。

◆ 侵犯实用新型保护

第 19 条

（1）非法实施受保护的实用新型的，是对实用新型保护的侵犯。

（2）实用新型保护的权利人可针对侵权人诉诸民事救济，一如专利权人根据专利法针对专利侵权人诉诸民事救济。

（3）对于侵犯实用新型保护的，专利法的规定应适用于权利人授权的被许可人的权利。

◆ 不侵权决定

第 20 条

（1）认为他人会针对自己提起实用新型保护侵权诉讼的，可以先于该诉讼，请求作出决定，认定其已实施或准备实施的产品不侵犯其指明的特定实用新型保护。

（2）针对不侵权作出最终决定的，对同一产品不得基于相同的实用新型保护理由提起侵权诉讼。

第三章　实用新型保护的失效

◆ 实用新型保护失效的情形

第 21 条

（1）有下列情形之一的，实用新型保护失效：

（a）保护期限届满的，自期限届满第二日起，实用新型保护失效；

（b）未缴纳年费的，自到期之日后第二日起，实用新型保护失效；

（c）实用新型保护的权利人放弃保护的，自送达弃权书的第二日或放弃保护的人指定的较早日期失效；

（d）撤销实用新型保护的，追溯至提交申请之日。

（2）最终决定针对下列专利申请授予专利的，实用新型保护应被视为自始无效：

（a）源自实用新型申请的专利申请；

（b）实用新型申请源自该专利申请。

◆ **实用新型保护的恢复**

第 22 条

实用新型保护因未缴纳年费而失效的，匈牙利知识产权局应根据请求在证明存在正当理由的情况下恢复保护。

◆ **实用新型保护的放弃**

第 23 条

（1）登记在实用新型登记簿上的持有人可以向匈牙利知识产权局提交书面声明，放弃实用新型保护。放弃行为将影响源自立法、权威性裁决或记录在实用新型登记簿上的许可合同的第三方权利的，或者实用新型登记簿上登记诉讼的，则该放弃应经相关当事人同意，才能生效。

（2）也可以放弃对实用新型保护的部分权利要求。

◆ **实用新型保护的撤销**

第 24 条

（1）有下列情形之一的，应撤销实用新型保护：

（a）实用新型保护的客体不符合本法第 5（1）（a）条规定要件的；

（b）说明书不符合法定要件的（参照本法第 32 条）；

（c）实用新型保护的客体超出了申请日所提交的申请书的内容或（如为分案申请）超出分案申请书的内容。

（2）仅部分存在撤销理由的，应相应地限制实用新型保护。

◆ 要求归还许可使用费

第 25 条

实用新型保护自始无效的，仅可要求归还实用新型保护权人或实用新型发明人善意收取的其实施该实用新型所得利润未涵盖的部分许可使用费。

第四章 匈牙利知识产权局针对实用新型事项的程序

◆ 匈牙利知识产权局的权限

第 26 条

匈牙利知识产权局针对下列实用新型保护事项拥有权限：

（a）实用新型保护的授予；
（b）针对实用新型保护的失效和恢复作出决定；
（c）实用新型保护撤销；
（d）针对不侵权作出决定；
（e）对实用新型的说明书的解释；
（f）关于维持和记录实用新型保护的其他事项。

◆ 公共行政程序一般规则的适用

第 27 条

（1）匈牙利知识产权局应适用《公共行政程序法》的规定处理实用新型保护事项，但本法另有规定的除外。

（2）针对匈牙利知识产权局的决定，不得提出上诉、复审和监督程序，也不得提出刑事指控。

（3）匈牙利知识产权局关于实用新型保护事项的决定，应由法院根据本法第 37 条的规定进行审查。

（4）如专利法无相反规定，只有在提出审查请求，且直至该请求移送至法院时，匈牙利知识产权局才可以撤销或变更其针对下列事项作出的决定，包括终止程序的决定：

（a）授予实用新型保护；

(b) 针对实用新型保护和恢复作出决定；

(c) 撤销实用新型保护；

(d) 针对不侵权作出决定。

(5) 如专利法无相反规定，只有当匈牙利知识产权局认定其决定违反法律，或各方当事人一致要求变更或撤销决定时，方可根据审查请求撤销或变更其针对本条第（4）（c）和（d）款所列事项作出的决定，包括终止程序。

第 28 条

(1) 匈牙利知识产权局对实用新型的保护参照适用专利法中针对匈牙利知识产权局席前程序的一般规定。

(2) 最终决定针对下列专利申请授予专利的，视为撤回实用新型申请：

(a) 源自实用新型申请的专利申请；

(b) 实用新型申请源自该专利申请。

◆ 实用新型申请

第 29 条

(1) 授予实用新型保护的程序，自向匈牙利知识产权局递交申请开始。

(2) 实用新型申请应当包含权利要求书、实用新型说明书以及其他相关文件。

(3) 申请应满足的具体形式要件由具体立法规定。

(4) ［已废止］

◆ 专利申请的衍生

第 30 条

(1) 申请人在较早日期已提交专利申请的，可以在其针对相同客体提交实用新型申请之日后两个月内提交的优先权声明中，针对该专利申请（衍生）主张申请日和优先权。

(2) 向匈牙利知识产权局提交衍生实用新型申请符合下列条件的，专利申请的优先权和申请日期应通过衍生适用于实用新型申请：

(a) 在专利申请程序中直至最终决定授予专利之日，或自最终决定拒绝专利申请之日起三个月内，或

(b) 自最终决定因缺乏新颖性或创造性而撤销专利之日起三个月内，或

(3) 衍生的实用新型申请应当自专利申请提交之日起十年内提出。

第31条

［已废止］

◆ 说明书

第32条

(1) 说明书应当能够使熟练技术人员根据说明书和附图实施该实用新型。

(2) 在说明书的最后部分，一项或多项权利要求应参照说明书的其他部分界定申请实用新型保护的范围。

◆ 实用新型的单一性

第33条

一份实用新型申请仅可针对一项实用新型寻求保护。

◆ 实用新型申请的审查

第34条

(1) 匈牙利知识产权局应审查实用新型申请是否满足本法第29（2）至（4）条的要求。

(2) ［已废止］

第35条

匈牙利知识产权局应针对以下各点对实用新型保护申请进行实质性审查：

(a) 申请的客体是否属于实用新型；

(b) 申请的客体是否适于工业应用；

(c) 申请的客体是否未根据本法第5（2）条被排除在实用新型保护范围外；

(d) 说明书是否符合法定要求（参照本法第32条）；

(e) 实用新型是否符合单一性要求；

(f) 实用新型的优先权是否妥为主张。

◆ **实用新型保护事项的程序**

第 36 条

(1) 对于实用新型申请的优先权、申请日期、审查、变更、分割和撤回,声明实用新型保护失效、恢复和撤销,以及对实用新型说明书的解释和针对不侵权作出决定,参照适用专利法的规定。

(2) [已废止]

(3) 对于实用新型保护的授予,适用专利法关于专利授予的规定。在公布已授予实用新型保护后,任何人均可查阅该实用新型申请,并可以付费索取其文件副本。

(4) 对于实用新型的事项,准用专利法关于欧洲专利申请的效力的规定。通过准用专利法的规定,欧洲专利申请可以转为国内实用新型申请。

(5) 申请人根据《专利合作条约》第 43 条的规定,指明其国际申请倾向于在作为指定国家或选定国家的匈牙利获得实用新型保护,对于匈牙利知识产权局作为指定局或选定局,参照适用专利法的规定。

第五章 实用新型事项和诉讼的法院程序

◆ **对匈牙利知识产权局作出的决定进行审查**

第 37 条

(1) 根据请求,法院可以审查知识产权局的下列事项:

(a) 本法第 27 (4) 条提及的决定;

(b) 中止程序的决定,或提供实用新型登记簿中内容的决定;

(c) 排除或限制查阅文件的命令,该排除或限制决定依据《公共行政程序法》的相关规定可以请求独立法律救济;

(d) 除提出请求启动程序的人外,驳回当事人作为程序的一方的法律地位的命令;

(e) 施加程序性罚款或裁定程序性费用金额及分配的决定。

(2) 对施加程序性罚款或裁定程序性费用金额及分配的决定提出的审查请求,针对决定中未在审查请求中表示异议的任何其他规定,不具有延迟效力,也不得阻止上述规定产生终局性。

（3）本条第（1）款未提及的匈牙利知识产权局的命令，只能在针对本条第（1）款提及决定的审查请求中提出异议。

（4）下列当事人可以提出审查请求：

(a) 参与匈牙利知识产权局程序的任何当事人；

(b) 被排除或限制进行文件查阅的任何人；

(c) 其作为程序当事人的法律地位被拒绝的任何人。

（5）对实用新型保护的注册或撤销的裁定可由检察官根据本法第5（2）条的规定提出审查请求。匈牙利知识产权局程序的任何其他参与者均有权单独请求审查该决定或其中与其有关的规定。

（6）审查请求必须自向相关当事人或程序的任何其他参与人通知决定之日起三十日内提交或通过挂号邮件邮寄，但本条第（7）和（8）款规定的例外情况除外。

（7）在下列情况下，提交审查请求的三十日期限自通知拒绝恢复原状请求或视为未提交恢复原状请求之日起算：

(a) 该日期迟于根据本条第（6）款通知决定的日期，且

(b) 继续程序或恢复原状的请求是为了针对疏忽进行救济而提出的，且该疏忽是作出本条第（6）款项下决定的直接依据。

（8）基于宪法法院根据《公共行政诉讼法》的规定对匈牙利知识产权局的决定提出审查请求的，提交审查请求的期限应自送达宪法法院决定之日起重新计算三十日期间。

（9）审查请求应向匈牙利知识产权局提交，由匈牙利知识产权局在十五日内连同实用新型文件的材料一并转交法院，但本条第（10）款另有规定的除外。对方当事人参加程序的，匈牙利知识产权局应同时通知该对方当事人，请求已移交法院。

（10）审查请求提出具有根本重要性的法律问题的，匈牙利知识产权局可就该等问题作出书面陈述，并将其连同审查请求和实用新型文件的材料于三十日内一并转交法院。

（11）审查请求的要求参照适用诉讼相关规则。

（12）延迟提交审查请求的，法院应对恢复原状的请求作出决定。

（13）针对任何其他事项，对匈牙利知识产权局关于实用新型事项的决定进行审查的法院程序，参照适用对匈牙利知识产权局关于专利事项的决定进行审查的法院程序规定。

◆ **实用新型诉讼**

第 38 条

（1） 实用新型诉讼包括：

(a) 关于实用新型强制许可的授予、修改或者撤销的诉讼；

(b) ［已废止］

(c) 关于在先使用权是否存在的诉讼；

(d) 侵权诉讼。

（2） 实用新型诉讼适用有关专利诉讼的规定。

（3） 在本条第（1）款中未提起的有关实用新型的其他诉讼中，法院应当适用调整专利诉讼的规则。

第六章　最后规定

第 39 条

关于撤销提交日期为 2003 年 1 月 1 日前的实用新型保护的理由，以在提交当日有效的法律规定为准。

第 40 条

［已废止］

第 41 条

［已废止］

◆ **生效**

第 42 条

（1） 本法自 1992 年 1 月 1 日起施行。

（2） 司法部部长获授权与匈牙利知识产权局局长协商，并与针对匈牙利知识产权局行使监督权的部长达成一致，通过法令确定实用新型保护申请的详细形式要件。

· 2001年第18号法律 ·

匈牙利外观设计保护法[1]

秦 洁[*] 刘天松[**] 译

为改善匈牙利国民经济竞争力,发展国民设计文化,确认设计者的精神及经济地位,在遵守匈牙利保护知识产权的国际及欧洲共同体法律义务之前提下,国会制定下列关于外观设计保护的法律:

第一部分 外观设计和外观设计保护

第一章 外观设计保护的客体

◆ 受保护的外观设计

第1条

(1) 任何具有新颖性、独特性的设计,均有权获得外观设计保护。

(2) 外观设计指基于产品自身或其装饰的线条、形状、色彩、图案、质地或者材料产生的部分或整体产品外观。

(3) 产品指任何工业产品或者工艺品。产品应包含意图组装成一项复合产品的包装、装饰、图形符号、印刷字体和部件。计算机程序不得被视为产品。

---

[1] 本法根据世界知识产权组织(WIPO)英文版本翻译。——译者注
[*] 译者简介:法学博士,西南政法大学知识产权学院副教授,硕士生导师。
[**] 译者简介:西南政法大学知识产权法学硕士研究生。

(4) 复合产品指由多个可更换部件组成的产品，允许对产品进行拆卸和重新组装。

◆ **新颖性**

第 2 条

(1) 在优先权日之前没有向公众提供相同外观设计的，该设计视为具有新颖性。

(2) 外观设计的特点仅在不具关键性的细节上与另一设计有所差异的，则认为是相同设计。

◆ **独特性**

第 3 条

(1) 与在优先权日之前向公众提供的任何设计相比，使用者认为新设计的整体印象与之不同的，则认为该产品的设计具有独特性。

(2) 在判断独特性时，应考虑设计者在开发设计时的自由度，特别是产品的性质和工业或工艺品领域的特点。

◆ **关于新颖性和独特性的一般规定**

第 4 条

(1) 设计已经公布、展示、投放市场或者以其他方式披露的，则视为该设计已经向公众提供，但欧洲共同体内相关产业界在正常业务过程中无法合理知晓的除外。

(2) 在保密条件下向第三方披露了该设计的，不视为该设计已向社会公众提供。

(3) 判断外观设计的新颖性和独特性时，有下列情形之一的，在优先权日之前的十二个月内向公众披露该设计，不认为丧失新颖性、独特性：

(a) 申请人或者其原始权利人滥用权利的；或者

(b) 由于申请人或者其原始权利人所提供的信息或采取的行动而由申请人、原始权利人或者第三人提供给公众。

第 5 条

(1) 有下列情形之一的，应用于或者并入构成复合产品组成部分的产品

的外观设计,应认为其具有新颖性和独特性:

(a) 该组成部分在融入复合产品后,在正常使用过程中依然可见;且

(b) 组成部分外观的可见特征本身即符合新颖性和独特性的要求。

(2) 在本条第(1)款中,"正常使用"指消费者或者最终用户的使用,不包括维护、服务或修理工作。

◆ **驳回的依据**

第 6 条

(1) 仅为了实现产品技术功能而产生的产品外观特征,不能获得外观设计保护。

(2) 产品的外观特征必须以确定的形式和尺寸进行复制,从而使运用设计或融入设计的产品(以下称"体现设计的产品")得以与另一产品进行机械连接,或者置于其中、其周围或与其相抵,以实现两者功能的,该产品外观特征不得获得外观设计保护。

(3) 本条第(2)款的规定不适用于在模块化系统内允许多次组装或者连接互换产品的设计。

第 7 条

违反公共政策或社会道德原则的设计,不得给予外观设计保护。

第 8 条

(1) 有下列情形之一的,不得授予外观设计保护:

(a) 擅自使用《保护工业产权巴黎公约》所定义的国家标志、权威机构或者国际组织其他标志的;

(b) 其包含不属于本款(a)项的奖牌、标志、徽章,或者表明其使用符合公共利益的认证和保证的官方标志和标记。

(2) 经主管机关同意,由本条第(1)款定义的标志组成或者含有任何该等标志的外观设计有权获得外观设计保护。

第 9 条

(1) 某项外观设计具有在先优先权、在优先权日之后公开且已获得外观设计保护的,则与该项外观设计相冲突的其他外观设计不能再获得外观设计

保护。

(2)"具有在先优先权日的外观设计保护"指由匈牙利授予或延伸至匈牙利的外观设计保护。

第 10 条

(1) 一项外观设计，如果其使用的有显著特征的标志与他人的在先工业产权相冲突，或本国其他人已有效使用该外观设计，且未经在先使用人同意而使用该外观设计的标志将导致违法，则不能获得外观设计保护。

(2) 一项外观设计与在先版权相冲突的，不能获得外观设计保护。

(3) 在判断某项权利或使用是否属于本条第（1）和（2）款意义上的在先权利或在先使用时，应考虑外观设计申请的优先性。

◆ 可注册性

第 11 条

符合下列条件的，应授予外观设计保护：

(a) 符合本法第 1 条至第 5 条要求的；

(b) 不属于本法第 6 条至第 10 条规定的外观设计保护除外情况的；且

(c) 相关申请应符合本法规定要求的。

第二章 外观设计和外观设计保护赋予的权利和义务

◆ 外观设计者的精神权利及其对设计进行披露的权利

第 12 条

(1) 设计创作人，应视为设计者。

(2) 除非法院最终作出相反判决，外观设计申请中最初提及的人员或在外观设计登记簿中相关条目修改后录入的人员，视为设计者。

(3) 外观设计由两人或两人以上共同创作的，创作者对该设计享有的份额相等，但外观设计申请中另有规定的除外。

(4) 除非法院最终作出相反判决，外观设计申请中最初陈述的创作者份额，根据本条第（3）款确定的份额，以及在外观设计登记簿修改后录入的份额，均具有约束力。

(5）设计者具有在外观设计保护文件中被述为设计者的权利。应设计者书面要求，向公众提供的外观设计保护文件不得提及设计者的姓名。

（6）[已废止]

（7）在授予外观设计保护之前，非经设计者或其权利继受人的同意，不得披露外观设计。

◆ **获得外观设计保护的权利**

第 13 条

（1）外观设计保护权属于设计者或其权利继受人。

（2）除非法院最终作出相反判决或其他官方作出相反决定，外观设计保护权由提交具有最早优先权日申请的人享有。

（3）两人或两人以上共同创作外观设计的，外观设计保护权由其本人或其权利继受人共同享有。两人或两人以上共同享有外观设计保护权的，视为其权利份额相等，但法律另有规定的除外。

（4）关于外观设计保护的共有权利和共有外观设计保护，准用专利法（以下称"专利法"）关于《发明专利保护法》的规定。

（5）两人或两人以上分别独立创作外观设计的，外观设计保护权应属于提交具有最早优先权日申请的设计者或其权利继受人。

◆ **职务外观设计和雇员外观设计**

第 14 条

（1）职务外观设计指由根据其雇佣而有义务在外观设计领域设计解决方案的人所创作的外观设计。

（2）职务外观设计的外观设计保护权属于作为设计者权利继受人的雇主。

（3）雇员外观设计是指无外观设计创作义务之雇员创作的、一经实施即落入雇主业务范围的外观设计。

（4）雇员外观设计的外观设计保护权应属于设计者，但雇主有权实施该外观设计。雇主的实施权应为非独占性的；雇主不得授权他人实施该外观设计。雇主不再存在或其任何组织单位分立的，实施权应转移至其权利继受人；该权利不得以任何其他方式让与或转让。

（5）有关职务外观设计、雇员外观设计及设计者报酬的任何其他事项，准用专利法中有关职务发明和雇员发明的相关规定，但下列规定例外：

（a）有关职务发明保密的规定以及实施职务发明不得违反商业秘密的规定不适用于职务外观设计；

（b）对于职务外观设计，未缴纳权利维持费意味着不得续展外观设计保护；到期指外观设计保护期限届满，其后不得续展；

（c）实施享有外观设计保护的职务外观设计，应向设计者支付报酬。

（6）对于公务人员、在职人员或在就业性法律关系框架内工作的合作性成员所创作的设计，参照适用本条第（1）至（5）款的规定。

◆ **外观设计保护的确立**

第 15 条

外观设计保护从向申请人授予外观设计保护之日起算，并追溯至提交申请之日生效。

◆ **外观设计保护权**

第 16 条

（1）获得外观设计保护的，权利人享有实施该外观设计的专有权。

（2）基于独占实施权，权利人有权禁止他人未经许可实施其外观设计。

（3）实施包括制造、使用、销售、许诺销售、进口、出口体现该外观设计的产品，以及为上述目的进行的储存。

◆ **外观设计保护的限制**

第 17 条

（1）外观设计保护持有人无权禁止第三人从事下列行为：

（a）为私人或非商业目的的行为；

（b）为实验目的的行为，包括对构成设计客体的产品进行市场营销所必需的实验和测试；

（c）为引用或者教学目的的行为，但该等行为必须符合公平交易惯例，不得不合理地损害对该外观设计的正常实施，并应指出该外观设计的来源。

（2）外观设计保护并不使其持有人有权禁止第三方使用组成部分的外观设计，实施该组成部分外观设计的目的是为了在恢复其原始外观的必要范围内修理复合产品，但该使用应符合公平交易惯例的要求，且该外观设计必然与复合产品的原始外观相一致。

（3）在优先权日之前，本国境内的任何人在其经济活动范围内，善意地开始制作或使用包含该外观设计的产品或为此目的做了充分准备的，享有在先使用权。在先使用参照适用《专利法》的规定。

（4）基于互惠原则，外观设计保护的效力不及于暂时进入本国领土的外籍船舶和飞机设备、为了修理该等船舶和飞机设备而进口的备件和配件，以及在该等船舶和飞机上进行修理的行为。匈牙利知识产权局局长有权就互惠事宜作出裁决。

◆ **外观设计保护权的穷竭**

第 18 条

外观设计保护赋予的独占实施权，不得延伸至由外观设计保护权的持有人或经其明确同意在欧洲经济区市场推出的针对体现该外观设计的产品的行为。

◆ **外观设计保护的期限**

第 19 条

（1）外观设计保护期为五年，自申请日起算。

（2）外观设计保护每五年续期一次，最多可续期四次。续期的，新的外观设计保护期间自上一次外观设计保护期限届满之日起算。

（3）外观设计保护自申请日起满二十五年，不再续期。

◆ **保护范围**

第 20 条

（1）外观设计保护的范围由影响部分或者全部产品外观的特征决定，该等特征可以根据外观设计登记簿中保藏的照片、图片或其他图形表示（以下称"说明"）以及本法第 48（2）条规定的部分卸责声明（如有）予以确定。

（2）外观设计保护的范围应延伸至不会使知情使用者产生不同整体印象的所有外观设计。

（3）在确定外观设计保护的范围时，应考虑设计者在开发设计中的自由度，特别是产品的性质以及工业或工艺品行业的特点。

◆ 作为财产权保护对象的外观设计和外观设计保护

第 21 条

(1) 源自外观设计和外观设计保护的权利，除精神权利外，可以转让、让与和质押。质押合同书面作成并将质押权记载在外观设计登记簿中之后，方设立质押权。

(2) 根据实施合同（外观设计许可合同），外观设计保护的持有人可以许可他人实施外观设计，他人实施外观设计的，应支付使用费。针对外观设计许可合同，参照适用专利法关于专利许可合同的规定。

第三章 外观设计及外观设计保护侵权

◆ 外观设计侵权

第 22 条

非法从他人外观设计中获取外观设计申请或外观设计保护客体的，受害方或其权利继受人可以作出声明，表明其对外观设计保护享有全部或部分权利，并且可以根据民事责任的规则主张损害赔偿。

◆ 外观设计保护侵权

第 23 条

(1) 非法实施受保护外观设计的，是外观设计保护权侵犯行为。

(2) 外观设计保护持有人可以专利权人根据专利法针对专利侵权人诉诸民事救济相同的方式，针对侵权人诉诸民事救济。外观设计保护受到侵害的，其持有人可以根据具体立法规定，要求海关采取行动阻止侵权商品进入市场。

(3) 在外观设计保护侵权的情况下，根据许可合同授权的被许可人的权利准用专利法的规定。

◆ 不侵权决定

第 24 条

(1) 认为他人会针对自己提起外观设计保护侵权诉讼的，可以先于该诉讼，请求作出决定，认定其已实施或准备实施的产品不侵犯其指明的特定外观设计保护。

（2）针对不侵权作出最终决定的，对同一产品不得基于相同的外观设计保护理由提起侵权诉讼。

第四章　外观设计保护的失效

第25条

[已废止]

◆ 外观设计保护的失效

第26条

有下列情形之一的，外观设计保护失效：

（a）保护期限届满没有续期的，自期限届满第二日起，外观设计保护失效；

（b）持有人放弃保护的，自收到通知的第二日或权利人指定的较早日期，外观设计保护失效；

（c）外观设计保护无效的，追溯至提交申请的日期。

◆ 对外观设计保护的放弃

第27条

（1）登记在外观设计登记簿上的持有人可以向匈牙利知识产权局提出书面声明，表明放弃外观设计保护。

（2）放弃行为将影响源自立法、权威性裁决、许可合同或记录在外观设计登记簿上的任何其他合同的第三方权利的，或者外观设计登记簿上登记诉讼的，则该放弃应经相关当事人同意，才能生效。

（3）针对多项外观设计授予外观设计保护的，可针对部分外观设计进行放弃。

（4）对外观设计保护放弃行为的撤回，不具有法律效力。

◆ 外观设计保护的无效和限制

第28条

（1）有下列情形之一的，外观设计保护无效：

（a）外观设计保护的客体不符合本法第1条至第10条要求的；

（b）登记在设计注册簿中的"说明"未以本法规定的方式对外观设计进行说明的（参照本法第39条）；

（c）外观设计保护的客体与在申请日提交的外观设计申请中提出的外观设计不同，或者与分案申请中的外观设计不同的；

（d）外观设计保护授予给依据本法没有资格获得授权的人的；

（e）国际工业品外观设计申请由根据《海牙协定》没有资格申请的人提交的（参照本法第60F条）。

（2）除了使其无效，可以经变更的方式维持外观设计保护［参照本法第48（1）至（2）条］，但变更后应不再存在无效的情况。

（3）针对多项外观设计授予外观设计保护的，如仅针对外观设计保护涉及的部分外观设计存在无效情况，外观设计保护只限于剩余外观设计。

（4）对无效宣告请求作出最终决定予以驳回的，不得以同样理由再次对同一外观设计保护提起请求宣告无效的程序。

◆ **要求归还许可使用费**

第29条

外观设计保护自始无效的，仅可要求归还向权利持有人或设计者支付的其实施该设计所得利润未涵盖的部分许可使用费。

第四A章 民法典规定的适用

第29A条

（1）下列相关事项适用民法典的规定：

（a）与外观设计相关或源自外观设计保护的权利以及外观设计的共有权利和共有外观设计保护相关的转让、让与、质押；

（b）实施合同（许可协议）；和

（c）关于外观设计的其他精神和经济问题，如本法未作规定，应受民法典规定调整。

（2）设计者有权根据民法典对对其作者权表示异议或以其他方式侵犯其源自外观设计的精神权利的人，提出法律诉讼。

第二部分　匈牙利知识产权局针对外观设计事项的程序

第五章　调整外观设计程序的一般规定

◆ 匈牙利知识产权局的权限

第 30 条

(1) 匈牙利知识产权局对下列外观设计事项拥有权限：

(a) 外观设计保护的授予；

(b) 外观设计保护的续期；

(c) 外观设计保护的分案；

(d) 针对外观设计保护失效作出决定；

(e) 针对外观设计保护无效作出决定；

(f) 针对不侵权作出决定；

(g) 外观设计保护的注册；

(h) 官方资料的公布。

(2) 匈牙利知识产权局对源自适用欧洲共同体外观设计保护制度（第八A章）和工业品外观设计国际注册（第八B章）相关规定的事项拥有权限。

◆ 公共行政程序一般规则的适用

第 31 条

匈牙利知识产权局应适用《公共行政程序法》的规定处理属于其权限范围内的外观设计事项，但本法另有规定的除外。

◆ 匈牙利知识产权局的决定

第 32 条

(1) ［已废除］

(2) 在无效宣告程序和不侵权认定程序中，匈牙利知识产权局应委任三名成员组成委员会进行听证并作出决定。委员会实行多数决。

(3) ［已废止］

◆ **法律救济**

第 32A 条

(1) 针对匈牙利知识产权局的决定，不得提出上诉、复审和监督程序，以及根据《刑事指控法》通知检察官。

(2) 匈牙利知识产权局关于外观设计事项的决定应由法院根据第九章规定的非讼民事程序进行审查。

(3) 如专利法无相反规定，只有在提出审查请求且直至该请求移送至法院时，匈牙利知识产权局才可以撤销或变更其针对下列事项作出的决定，包括终止程序的决定：

(a) 外观设计保护的授予；

(b) 外观设计保护的续期；

(c) 外观设计保护的分案；

(d) 针对外观设计保护失效作出决定；

(e) 针对外观设计保护无效作出决定；

(f) 针对不侵权作出决定；

(g) 对指定匈牙利的国际注册的效力的拒绝。

(4) 如专利法无相反规定，只有当匈牙利知识产权局认定其决定违反法律，或各方当事人一致要求变更或撤销决定时，方可根据审查请求撤销或变更其针对本条第（3）(e) 和 (f) 款所列事项作出的决定，终止程序。

(5) 在不涉及对方当事人的情况下，匈牙利知识产权局可以根据审查请求撤销或变更本法第 61（1）(b) 至 (e) 条定义的决定，即使该决定不违反法律，然而匈牙利知识产权局同意审查请求的内容。

(6) 基于审查请求作出的决定，应通知请求人以及审查请求决定的相对人。

(7) 针对正在变更和已变更的决定，应适用相同的法律救济。

◆ **电子化管理和官方服务**

第 32B 条

(1) 针对外观设计事项，程序的一方当事人，除本条第（2）和（3）款所述情况外，无权与知识产权局进行通信，且匈牙利知识产权局没有义务以电子书面形式与该方进行通信。

（2）下列文件可以电子方式提交：

（a）外观设计申请；

（b）续期请求；

（c）请求记录外观设计登记簿中本法第34（2）（e）至（g）条规定的事实变更；

（d）获得登记簿中摘录的请求；

（e）查看文件的请求。

（3）程序一方当事人依据本条第（2）（b）至（e）款的规定通过政府提供的验证服务，以电子方式提起程序的，匈牙利知识产权局应将对其请求作出的决定通知该方，或者以电子方式向其发送登记簿中经核实的摘录文本。

（4）本条第（2）款所述文件应以匈牙利知识产权局为此目的编制的电子表格以电子方式提交。

（5）匈牙利知识产权局收到以电子方式提交的文件时，应以具体立法规定的方式向该方发送含有电子回单编号的自动通知。

（6）匈牙利知识产权局收到以电子方式提交的文件后，应立即审查其是否符合有关电子管理的法律要求。

（7）文件以电子方式发送的，一方当事人在收到电子方式的自动回复通知时视为该文件已提交，但匈牙利知识产权局确定已收到的文件无法理解并以电子方式通知该当事人的除外。

（8）当事人提交的文件无法理解的，其有义务根据本条第（7）款的规定确认收到通知。当事人在收到通知后十五日内未确认收到通知的，匈牙利知识产权局应通过邮件向其发送通知。

（9）关于本条第（2）款提及的电子提交文件的详细规则由具体立法规定。

（10）以短信形式提出请求及递交材料的，不予受理。

◆ **调整外观设计程序的其他一般规定**

第33条

（1）在符合本条第（1a）至（3）款规定的情况下，对于本法第30至32B条未规定的事项，向匈牙利知识产权局提出的外观设计问题参照适用调整专利程序的一般规定。

（1a）针对外观设计事项提出的继续履行程序的请求不予受理。

（2）不包括下列有关外观设计恢复原状的请求：

（a）根据本法第40（2）条的规定，未在规定期限内提交优先权声明的；

（b）未在规定的六个月期限内提出公约优先权或者展览优先权要求的；

（c）未在规定期限内提交恢复原状请求的。

（3）就专利法有关文件获取的规定而言，专利申请的公布指授予外观设计保护。将专利申请作为机密资料处理的规定不适用于外观设计。

第六章 外观设计登记簿与信息公布

◆ 外观设计登记簿

第34条

（1）授予外观设计保护后，匈牙利知识产权局应制备外观设计保护登记簿，记录外观设计权相关的所有事实和情况。

（2）外观设计登记簿应特别含有下列事项：

（a）外观设计保护的注册号；

（b）申请的参考编号；

（c）外观设计的说明，以及本法第48（2）条项下申请人的部分卸责声明；

（d）体现外观设计产品的名称；

（e）外观设计保护持有人的姓名（法定名称）和地址（注册地址）；

（f）代表的姓名和注册地址；

（g）设计者的姓名和地址；

（h）申请的申请日；

（i）关于优先权的资料；

（j）授予外观设计保护决定的日期；

（k）外观设计保护的续期或者分案；

（l）外观设计保护的失效，其法律依据和日期，以及外观设计保护变更后的维持形式或者限制；

（m）实施许可。

（3）外观设计登记簿应是其中记录权利和事实的真实证明。在没有相反证据的情况下，推定存在外观设计登记簿记录的权利和事实。对外观设计登记簿中记录数据的举证责任由对其正确性或真实性提出异议的人承担。

（4）外观设计保护权记录在登记簿上后方可对抗善意且基于对价获得其权利的第三人。

（5）任何人均可查阅外观设计登记簿，匈牙利知识产权局应在其网站上提供电子访问权限。任何人在支付费用后，均可要求获得外观设计登记簿记录资料的认证文本。

（6）外观设计登记簿的记录参照适用专利法关于在专利登记簿上进行记录的规定。

◆ **信息公开**

第 35 条

匈牙利知识产权局的官方公报应特别包含与外观设计应用和外观设计保护有关的下列数据和事实：

（a）—（c）[已废止]

（d）就公告外观设计保护授予而言，公开以下事项：外观设计保护持有人的注册号、姓名和地址（注册地址），代表的姓名、地址、参考编号、申请的申请日和优先权日期，体现外观设计的产品的名称及其国际分类代码，外观设计的说明，设计者的姓名和地址以及授予决定的日期；

（e）就外观设计保护续期或者分案而言，其相关数据；

（f）外观设计保护的失效，其法律依据和日期，以及外观设计变更后的维持形式或者限制；

（g）与外观设计登记簿中记录的外观设计保护有关的权利变更事项。

第七章 授予外观设计保护的程序

◆ **外观设计申请及其要求**

第 36 条

（1）授予外观设计保护的程序自向匈牙利知识产权局提交外观设计申请时开始。

（2）外观设计申请应包含授予外观设计保护的请求，外观设计的说明，

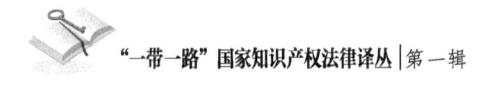

体现外观设计的产品名称以及必要的其他相关文件。

（3）外观设计申请需遵守的详细形式要件由具体立法规定。

（4）外观设计申请须缴纳由具体立法规定的申请费；费用应在申请日后两个月内缴纳。

（5）申请人可以在授予外观设计保护前根据本法第27条规定撤回外观设计申请。

第36A条

［已废止］

◆ 申请日

第37条

（1）外观设计申请的申请日为向匈牙利知识产权局提交至少含有下列信息的申请之日：

(a) 表明寻求外观设计保护的意愿；

(b) 表明申请人身份和允许与其联系的信息；

(c) 外观设计的说明，即使其不符合其他要件。

（2）除了提交外观设计说明外，对优先权文件的提及足以授予优先权日。

◆ 联合设计

第38条

（1）外观设计申请可以针对多项外观设计寻求外观设计保护，但体现该多项外观设计的各项产品应属于同一国际分类。此外，外观设计申请可针对与其共同装饰性特征相联系的一组外观设计寻求外观设计保护，而该共同性装饰特征会影响其对知情使用者产生的整体印象。

（2）关于外观设计申请详细形式要件［参照本法第36（3）条］的具体立法，可确定在一项外观设计申请中可寻求外观设计保护的最多外观设计数量。

（3）外观设计申请应尽量通过指明国际分类标准代码及该标准使用的术语来确定体现外观设计的产品。

◆ 外观设计的说明

第39条

构成外观设计申请一部分的说明应明确表明其寻求外观设计保护的外观

设计。

◆ **优先权**

第 40 条

（1）确定优先权的日期：

（a）一般指提交外观设计申请的日期（申请优先权）；

（b）对于《保护工业产权巴黎公约》规定的情况，指提交国外申请的日期（公约优先权）；

（c）对于匈牙利知识产权局局长在匈牙利官方公报上发布通信所定义的情况，指外观设计在展览会上展览的首日，且该日期不得早于申请日六个月（展览优先权）；

（d）指针对同一外观设计提交在先提交但未决外观设计申请的日期，该日期不得早于当前申请前六个月，但不得存在对此主张的其他优先权（内部优先权）。

（2）公约、展览和内部优先权应在提交申请后两个月内主张。确立公约优先权的文件和展览证明应在申请日起四个月内提交。展览证明应参照适用《专利法》有关展览证明的规定。

（3）申请人主张内部优先权的，视为撤回在先外观设计申请。

（4）针对多项外观设计寻求外观设计保护的一份外观设计申请主张一项或多项优先权的，优先权仅涵盖在根据第 39 条确定特定优先权的申请中所提出的外观设计。

（5）已是世界贸易组织成员但不是《保护工业产权巴黎公约》缔约国的国家或根据互惠原则在任何其他国家提交国外申请的，亦可主张公约优先权。就互惠事项而言，匈牙利知识产权局局长的意见为决定性意见。

◆ **对申请的审查**

第 41 条

（1）当事人提交外观设计申请之后，匈牙利知识产权局审查下列事项：

（a）申请是否符合授予提交日期的要求（参照本法第 37 条）；

（b）申请费是否已缴纳［参照本法第 36（4）条］。

（2）对外观设计申请中其他事项的审查，准用专利法中关于申请审查的规定。

第 42 条

［已废止］

第 43 条

［已废止］

◆ **新颖性检索**

第 44 条

（1）外观设计申请符合本法第 41（1）条要求的，匈牙利知识产权局应进行新颖性检索，并基于外观设计说明制定检索报告，适当考虑体现外观设计的产品的名称。

（2）检索报告应指出，在确定申请中所表现的外观设计是否具有新颖性和独特性时可以考虑的文件和数据。

（3）根据申请人的要求，应向其发送检索报告连同所有引证文件的副本。

第 45 条

［已废止］

第 46 条

［已废止］

◆ **形式审查和实质审查**

第 47 条

（1）外观设计申请符合本法第 41（1）条规定要件的，匈牙利知识产权局应对外观设计申请进行审查。

（1a）在审查形式要件时，匈牙利知识产权局应审查外观设计申请是否符合本法第 36（2）和（3）条的形式要件。

（2）实质审查应确定下列事项：

（a）外观设计是否符合本法第 1 条至第 5 条的要求，以及是否属于本法第 6 条至第 8 条项下不受保护的情况，以及

（b）申请是否符合本法规定的要求。

（3）外观设计申请不符合本条第（1a）或（2）款规定的要求的，根据具体情况，知识产权局可以要求申请人纠正违规行为、提交意见书或分案申请。

（4）外观设计申请在纠正违规行为或提交意见书后仍然不符合审查要求的，匈牙利知识产权局将全部或部分驳回该申请。

（5）任何申请仅可基于要求书中清晰明确说明且适当分析的理由方可予以驳回。必要时，可进一步签发要求书。

（6）申请人未对要求书作出回复或进行分案申请的，视为撤回外观设计申请。

◆ 修改和分案

第48条

（1）对外观设计申请进行修改的，其客体必须与申请日提交的申请中提出的外观设计相同。

（2）申请人声明说明的特定部分不属于外观设计且并未为此主张外观设计权利，视为对申请的修改。

（3）在宣告授予外观设计保护的决定前，申请人有权根据本条第（1）款规定修改申请。

第49条

（1）申请人在一项申请中针对多项外观设计主张外观设计保护的，其在宣告授予外观设计保护的决定前可以提交分案申请，并保留申请日和任何在先优先权（如有）。

（2）具体立法针对分案申请规定费用的，应自提出申请之日起两个月内缴纳。

（3）申请人在提交请求时未缴纳分案申请费用的，匈牙利知识产权局应要求申请人在本条第（2）款规定的期限内纠正违规行为。不遵守上述要求的，视为撤回分案申请。

◆ 授予外观设计保护

第50条

（1）外观设计和外观设计申请符合［参照本法第47（1a）和（2）条规

定的］所有要求的，匈牙利知识产权局应对申请的客体授予外观设计保护。作出授予外观设计保护决定的日期为授予外观设计保护的日期。

（2）外观设计保护的授权应记录在外观设计登记簿中（参照本法第34条），相关信息应公布在匈牙利知识产权局官方公告中（参照本法第35条）。

（3）授予外观设计保护后，匈牙利知识产权局应签发外观设计证书，并随附登记簿中的摘要。

第八章　关于外观设计的其他程序

◆ **续期程序**

第51条

（1）匈牙利知识产权局应权利持有人的要求，可以对外观设计保护进行续期［参照本法第19（2）条］。针对多项外观设计授予外观设计保护的，也可以针对其中的部分外观设计请求续期（部分续期）。

（2）续期请求应注明欲续期的外观设计保护的注册号，部分续期的，亦应注明相关外观设计。

（3）续期请求应在不早于外观设计保护期间届满前六个月提出，至迟应于期间届满后六个月内提出。

（4）具体立法规定的续期请求费，应自提交申请之日起两个月内缴纳。

第51A条

［已废止］

第52条

（1）续期请求不符合本法第51（1）至（3）条规定的要求的，应要求请求方纠正其违规行为。

（2）申请人的纠正行为或意见书不符合要求书中的要求的，应驳回续期请求。请求方在规定期限内未对要求书作出答复的，续期请求应视为撤回。

（3）未缴纳续期请求费的，匈牙利知识产权局应要求请求方在本法规定的期限内纠正违规行为。不遵守该要求的，续期请求应视为撤回。

第 53 条

（1）续期请求符合本法第 51 条规定的要求的，匈牙利知识产权局应对外观设计保护进行续期。

（2）外观设计保护的续期应记录在外观设计登记簿（参照本法第 34 条）中，相关信息应公布在匈牙利知识产权局官方公报中（参照本法第 35 条）。

◆ **分案申请的程序**

第 54 条

（1）外观设计保护的持有人可以通过将多项设计分案或其中特定部分分案申请保护。

（2）当事人提出外观设计保护分案请求的，所提交的文本数量应等于原外观设计保护分案的数量，所有文本应相互一致，符合分案要求。

（3）分案请求应注明原外观设计保护的注册号；申请请求及其文件应参照适用关于外观设计申请要求的规定［参照本法第 36（2）和（3）条］。

（4）具体立法规定的分案请求的费用，应自提出申请之日起两个月内缴纳。

第 55 条

（1）分案请求不符合本法第 54（1）至（3）条规定的，应要求申请人纠正违规行为。

（2）申请人的纠正行为或意见书不符合要求书中的要求的，应驳回分案请求。请求方未对要求书作出答复的，分案请求应视为撤回。

（3）未缴纳分案请求费的，匈牙利知识产权局应要求请求方在本法规定的期间内纠正违规行为。申请人不遵守该要求的，该请求应视为撤回。

第 56 条

（1）分案申请符合本法第 54 条规定的要求的，匈牙利知识产权局应对外观设计保护进行分案处理。

（2）外观设计保护的分案应记录在外观设计登记簿中（参照本法第 34 条），相关资料应在匈牙利知识产权局官方公报中予以说明（参照本法第 35 条）。

（3）分案后，匈牙利知识产权局应为每一外观设计保护出具外观设计证书，并随附登记簿中的摘录。

◆ **无效程序**

第 57 条

（1）任何人均可根据本法第 28 条针对外观设计保护的持有人提起请求宣告外观设计保护无效的诉讼，但本条第（2）款规定的情况除外。

（2）在先冲突权利持有人仅可根据本法第 9 条和第 10 条请求宣告外观设计保护无效，根据本法享有权利的人仅可根据本法第 28（1）（d）条提出无效宣告的请求。

（3）无效宣告请求应向匈牙利知识产权局提出，并提交等于外观设计保护持有人数量的文本，如针对服务外观设计授予外观设计保护的，提交等于设计者数量加一的文本。请求应说明其所依据的理由，并随附文件证据。

（4）具体立法规定的费用，应自提出无效宣告请求之日起两个月内缴纳。

（5）宣告无效的请求不符合本法规定要求的，应要求请求方纠正违规行为；未缴纳请求费的，应要求请求方在本法规定的期限内缴纳。未纠正违规行为的宣告无效的请求应视为撤回。

第 57A 条

针对服务外观设计授予外观设计保护的，匈牙利知识产权局应向设计者送达无效宣告请求，告知其如在收到该请求后三十日内提交声明的，可以成为无效宣告程序的一方当事人。

第 58 条

（1）匈牙利知识产权局应要求外观设计保护的持有人，如为针对服务外观设计授予外观设计保护，则为设计者，就无效宣告请求提出意见。经书面准备工作后，知识产权局应在听证会上作出无效、修改后维持、限制外观设计保护或驳回请求的决定。终止程序的命令也可以在没有听证的情况下作出。匈牙利知识产权局针对请求方确定的期限届满后，未在规定期限内作出说明的理由不得作为无效宣告的理由。在作出最终决定时，对于由此提出的理由不予考虑。

（2）在听证和裁定过程中作出的命令应在听证当日宣布。只能在案件复杂且有必要的情况下推迟宣布裁定，但不得超过八天。在该情况下，应立即确定宣布的期限，且在宣布之日前的裁定应书面作成。

（3）宣布公告的决定由执行部分和法律依据组成。

（4）决定应自作出之日起十五日内以书面形式作成，但匈牙利知识产权局宣布延期的除外，应自作出书面决定之日起十五日内送达。

（5）针对同一项外观设计保护存在多项无效宣告请求的，应尽可能以相同程序处理。

（6）撤销无效宣告请求的，可以依职权继续程序，但仅根据本法第10条或第28（1）（d）条请求无效宣告的情况除外。在该情况下，匈牙利知识产权局也应在请求的框架内进行，同时考虑到各方先前所提出的陈述和指控。

（7）败诉方应承担无效宣告程序的费用。外观设计保护的持有人在根据本条第（1）款提交意见的时限届满前没有针对无效宣告程序提出任何理由，并放弃外观设计保护的（对于针对多项外观设计授予外观设计保护的，至少针对相关外观设计），溯及至提交之日，程序的费用由无效宣告请求人承担。

（8）外观设计保护的无效、修改后维持或限制应记录在外观设计登记簿中（参照本法第34条），相关信息应公布在匈牙利知识产权局官方公报（参照本法第35条）中。

第58A条

（1）针对外观设计保护侵权提起诉讼的，或在提起诉讼之前请求采取临时措施且得到支持的，应任何一方当事人请求，可以加速无效宣告程序。

（2）对于加速程序的请求，应在提出此类请求后一个月内缴纳由具体立法规定的费用。

（3）该请求不符合本条第（1）款所述要求的，申请加速程序的一方应纠正其违规行为或提交意见书。请求方纠正违规行为或提交意见后，仍然不符合本法规定的，应驳回加速程序的请求。请求方不遵守上述要求的，应视为撤销加速程序的请求。

（4）未缴纳请求费的，应要求加速程序请求人在本法规定的期限内缴付。不遵守上述要求的，应视为撤销加速程序的请求。

（5）匈牙利知识产权局应通过命令确定加速程序。

（6）通过减损本法第33（1）条和第58条的规定，就加速程序而言：

（a）亦可确定十五日的期限以纠正违规行为或提交意见书；

（b）仅在合理的情况下方可延长期限；

（c）澄清事实需要各方共同参加听证的，或一方及时提出请求的，匈牙利知识产权局应举行口头听证会。

◆ **决定不存在侵权行为的程序**

第 59 条

（1）针对无侵权行为作出决定的请求应向匈牙利知识产权局提交，并提交比外观设计保护持有人人数多一份的文本。该请求应含有已实施或准备实施的产品说明，以及所涉及的外观设计保护的外观设计说明。已实施或准备实施的产品的说明方式应对应外观设计登记簿中记录的外观设计的说明。

（2）针对无侵权行为作出决定的请求可仅针对一项外观设计保护和一项已实施或准备实施的产品提出。

（3）对于针对无侵权行为作出决定的请求，应自提出请求后两个月内缴纳具体立法规定的费用。

（4）针对无侵权行为作出决定的请求不符合本法规定要求的，请求方应纠正其违规行为；未缴纳请求费的，该方应在本法规定的期限内缴纳。未纠正违规行为的，视为撤销针对无侵权行为作出决定的请求。

第 60 条

（1）匈牙利知识产权局应要求外观设计保护持有人就针对无侵权行为作出决定的请求提出意见。在书面准备工作后，知识产权局应在听证会上决定受理或驳回该请求。终止程序的命令也可以在没有听证的情况下作出。

（2）请求方应就针对无侵权行为作出决定的程序承担费用。

（3）针对无侵权行为作出决定的程序参照适用本法第 58（2）至（4）条的规定。

（4）针对无侵权行为作出决定的程序参照适用本法第 58A 条的规定。

第三部分　关于欧共体外观设计保护和工业外观设计国际注册的规定

第八A章　关于欧共体外观设计保护的规定

◆ **一般规定**

第60A条

在本法中：

(a)《共同体外观设计条例》：指关于共同体外观设计的第6/2002号《理事会条例》(EC)；

(b) 共同体外观设计：指《共同体外观设计条例》第1(1)条定义的设计，无论是否受注册保护；

(c) 共同体外观设计申请：指根据《共同体外观设计条例》提交的共同体外观设计注册申请。

◆ **转送共同体外观设计申请**

第60B条

(1) 向匈牙利知识产权局提交共同体外观设计申请的，申请人应在提交申请时缴纳根据具体立法确定的费用，以根据《共同体外观设计条例》第35(2)条进行转送。

(2) 未缴纳转送共同体外观设计申请费用的，匈牙利知识产权局应要求申请人纠正违规行为。匈牙利知识产权局应在收到相关费用后，转送共同体外观设计申请。

◆ **作为驳回理由的共同体外观设计**

第60C条

共同体外观设计应适用本法第9(2)条的规定。

◆ **侵犯共同体外观设计的法律后果**

第 60D 条

根据《共同体外观设计条例》第 88 至 90 条规定及其所述情况,侵犯共同体外观设计,与侵犯匈牙利知识产权局基于本法授予的外观设计保护,适用相同的法律后果。

◆ **共同体外观设计法院**

第 60E 条

(1) 匈牙利首府法院应作为《共同体外观设计法》第 80(1)条所述共同体外观设计法院按照本法第 63(2)条规定的组成方式进行初审。

(2) 首府上诉法院作为第二审欧共体外观设计法院,对首府法院的判决具有上诉管辖权。

第八 B 章 关于工业品外观设计国际申请的规定

◆ **一般规定**

第 60F 条

在本法中,工业品外观设计国际申请指依据 1925 年《工业品外观设计国际保存海牙协定》(以下称"协定")于 1999 年 7 月 2 日签订的日内瓦文本提交的工业品外观设计申请。

第 60G 条

根据 1925 年协定于 1960 年 11 月 28 日签订的海牙文本进行的国际保存应参照适用本章规定。

第 60H 条

(1) 本法提及适用协定的,应被解释为亦指适用本法第 60F 条和第 60G 条所指协定文本的共同实施细则。

(2) 除非协定另行规定,工业品外观设计国际申请适用本法,但本章规定的例外情况除外。

第 60I 条

［已废止］

通过匈牙利知识产权局提交的工业品外观设计国际申请。

第 60J 条

（1）针对依据协定转送工业品外观设计国际申请的，匈牙利知识产权局应针对显示匈牙利作为申请人缔约国的工业品外观设计国际申请进行处理。

（2）针对转送工业品外观设计国际申请的，申请人应向匈牙利知识产权局缴纳具体立法规定的转送费，针对工业品外观设计国际申请，应按照协定规定的期间和方式缴纳协定规定的费用。

◆ 指定匈牙利的工业品外观设计国际申请

第 60K 条

（1）在匈牙利申请的国际工业品外观设计，自国际注册之日起，与向匈牙利知识产权局正式提交的外观设计申请（参照本法第 37 条）具有相同效力。

（2）［已废止］

（3）匈牙利知识产权局应对工业品外观设计国际申请进行实质审查。实质审查应确定外观设计是否符合本法第 1 条至第 5 条规定的要求，以及是否属于本法第 6 条至第 8 条规定的不能获得外观设计保护的客体。

（4）工业品外观设计国际申请的部分或全部不符合本条第（3）款规定的审查要求的，匈牙利知识产权局应在协定规定的六个月内通知国际局。

（5）通知应说明决定依据的理由，并要求申请人在通知规定的期限内提交意见。在针对是否拒绝国际注册效力作出决定时，应考虑申请人的意见。

（6）申请人未在规定期限内对要求作出回复的，或者申请人在规定时间内提交意见后，工业品外观设计国际申请仍不符合审查要求的，匈牙利知识产权局应拒绝国际注册在匈牙利境内产生任何效力。

（7）依据申请人的意见书，匈牙利知识产权局认为本条第（4）款所述通知的内容部分或全部无事实依据的，其应部分或全部撤回该通知。该撤回决定具有最终效力的，匈牙利知识产权局应通知国际局。

（8）匈牙利知识产权局根据本条第（7）款撤回部分或全部通知的，外观设计国际注册或受撤回影响的部分国际注册，自撤回决定之日起与匈牙利知识产权局授予的外观设计保护具有同等效力。

（9）匈牙利知识产权局未根据本条第（4）款向当事人发出通知的，自外观设计国际注册通知规定期限届满之日起，与匈牙利知识产权局授予的外观设计保护具有同等效力。

第四部分　外观设计保护的法庭程序

第九章　审查匈牙利知识产权局的决定

◆ 审查请求

第 61 条

（1）法院应请求可对匈牙利知识产权局下列事项进行审查：

（a）本法第 32A（3）条所述的决定；

（b）中止程序的决定，或提供外观设计申请登记簿或外观设计登记簿中内容的决定；

（c）排除或限制查阅文件的命令，该排除或限制决定依据《公共行政程序法》的相关规定可以请求独立法律救济；

（d）除提出请求启动程序的人外，驳回当事人作为程序的一方的法律地位的命令；

（e）施加程序性罚款或裁定程序性费用金额及分配的决定。

（2）对施加程序性罚款或裁定程序性费用金额及分配的决定提出的审查请求，针对决定中未在审查请求中表示异议的任何其他规定，不具有延迟效力，也不得阻止上述规定产生终局性。

（3）本条第（1）款未提及的匈牙利知识产权局的命令，只能在针对本条第（1）款提及决定的审查请求中提出异议。

（4）下列当事人可以提出审查请求：

（a）参与匈牙利知识产权局行政程序的任何当事人；

（b）被排除或限制进行文件查阅的任何人；

(c) 其作为程序当事人的法律地位被拒绝的任何人。

(5) 对外观设计保护的注册或无效的决定可由检察官根据本法第 7 条和第 8 条的规定提出审查请求。匈牙利知识产权局程序的任何其他参与者均有权单独请求审查该决定或其中与其有关的规定。

(6) 审查请求必须自向相关当事人或程序的任何其他参与人通知决定之日起三十日内提交或通过挂号邮件邮寄，但本条第（7）和（8）款规定的例外情况除外。

(7) 在下列情况下，提交审查请求的三十日期限自通知拒绝恢复原状请求或视为未提交恢复原状请求之日起算：

(a) 该日期迟于根据本条第（6）款通知决定的日期，且

(b) 恢复原状的请求是为了针对疏忽进行救济，而该疏忽是作出本条第（6）款项下决定的直接依据。

(8) 基于宪法法院根据《公共行政诉讼法》的规定对匈牙利知识产权局的决定提出审查请求的，提交审查请求的期限应自送达宪法法院决定之日起重新计算三十日期间。

(9) 审查请求应向匈牙利知识产权局提交，由匈牙利知识产权局在十五日内连同外观设计文件的材料一并转交法院，但本条第（10）款另有规定的除外。对方当事人参加程序的，匈牙利知识产权局应同时通知该方请求已移交法院。

(10) 审查请求提出具有根本重要性的法律问题的，匈牙利知识产权局可就该问题作出书面陈述，并在三十日内将该书面陈述连同审查请求和外观设计文件的材料一并转交法院。

(11) 审查请求的要求参照适用诉讼相关规则。

(12) 对于延迟提交的审查请求，法院应对恢复原状的请求作出决定。

◆ **关于诉讼程序的其他规则**

第 62 条

对匈牙利知识产权局关于外观设计的决定进行审查的法庭程序，应参照适用对匈牙利知识产权局关于专利的决定进行审查的法庭程序，但专利法第 100(3) 条提述的专利法第 81(1) 条应被解释为对本法第 58(1) 条的提述。

第十章 外观设计诉讼

◆ **外观设计诉讼规则**

第 63 条

（1）外观设计诉讼包括关于外观设计或外观设计保护的法庭程序、是否存在在先使用权和继续使用权的法庭程序［参照本法第 65（8）条］，以及根据《欧洲共同体外观设计条例》第 110a（4）条提出的禁止使用欧洲共同体外观设计的法庭程序［参照本法第 60A（a）条］。

（2）外观设计诉讼应参照适用关于专利诉讼的规定。

（3）在本条第（1）款未提及的任何其他外观设计诉讼中，法院应参照适用调整专利诉讼的规则。

第五部分 最终规定

第十一章 生效；过渡、修改和其他规定

◆ **与版权保护的关系**

第 64 条

根据本法赋予外观设计的保护，不应影响具体立法将外观设计作为艺术作品赋予的版权保护。

◆ **关于本法生效和过渡条款的规则**

第 65 条

（1）本法自 2002 年 1 月 1 日生效；除本条第（2）款、第（6）至（7）款和第（9）至（10）款规定外，其规定应仅适用于本法生效后开始的程序。

（2）对于未决事项，参照适用关于恢复原状的规定。

（3）本法生效前订立设计者薪酬合同或外观设计许可协议或本法生效前已实施职务外观设计的，应适用订立合同时或实施职务外观设计时有效的规定。

（4）本法生效前开始实施的，对于外观设计保护赋予的权利及其范围、限制和侵权，在本法生效之日前，适用先前适用的规定。

（5）对于在本法生效之日有效的外观设计保护的续期，适用本法的规定。外观设计保护期限届满的日期不早于本法生效之日前六个月的，且在本法生效前未根据先前适用的规定提交续期请求的，应参照适用本规定。

（6）在本法生效前延期的外观设计保护，在本法生效后续期的，外观设计保护的无效宣告应适用本法的规定，但是，如作出无效宣告，该外观设计保护应失效，效力追溯至延期外观设计保护到期之日。

（7）在本法生效之日有效且未延期的外观设计保护第二次续期的，亦应参照适用本条第（6）款的规定，但是，如作出无效宣告，该外观设计保护应失效，效力追溯至该外观设计保护首次续期到期之日。

（8）依据先前适用的规定予以延期的外观设计保护，在本法生效前五年内因期满而失效的，经由本法生效后六个月内准用续期条款，该外观设计的持有人可以请求匈牙利知识产权局自本法生效之时起，在本法第19（3）条规定期限的剩余期间内，恢复对该外观设计的保护。

恢复的外观设计保护的初始期间应为本法第19（3）条规定期间的剩余部分超过十年的期间；在该等情况下，续期请求费应按比例减少。

恢复外观设计的初始期间不超过一年的，应同时请求恢复外观设计保护及其续期。

行为人在外观设计保护失效和本法生效期间开始或持续实施外观设计的，享有继续使用的权利；有关该权利，应参照适用专利法中关于继续使用权的规定。

（9）已恢复的外观设计保护的无效应遵守本法相关规定，但是，外观设计保护的无效效力应追溯至本法生效之日。

（10）对于在本法生效之日有效或在本法生效之日前失效的外观设计保护的无效宣告条件，优先权日适用的规定具有决定性。如果根据优先权日适用的规定允许无效宣告的，在本法生效后续期或恢复的该外观设计保护应无效，其效力追溯至提交之日。在该等情况下，不适用本条第（6）至（7）款和第（9）款的规定。

（11）立法中对外观设计或外观设计保护的提及指外观设计或外观设计保护。

第66条

[已废止]

◆ 过渡性规定

第 67 条

（1）[已废除]

（2）本法生效前订立的薪酬合同或实施职务发明的，应适用订立合同或实施发明时有效的规定。

（3）对于在本法生效之日有效的实用新型保护的无效宣告条件，优先权日适用的规定应具有决定性。

（4）[已废除]

第 67A 条

（1）对于提交日期在 2004 年 5 月 1 日之前的外观设计保护的无效宣告条件，提交之日有效的规定应具有决定性。

（2）关于：

（a）外观设计保护权授予的权利，其范围和侵权（除权利用尽外），在 2004 年 5 月 1 日之前已经实施，以及在 2004 年 5 月 1 日实施的范围内；

（b）对于在 2004 年 5 月 1 日前进行实施的外观设计保护授予的权利的用尽，2004 年 4 月 30 日有效的本法的规定应具有决定性。

◆ 授权

第 68 条

司法部长获授权与匈牙利知识产权局局长协商，并与针对匈牙利知识产权局行使监督权的部长达成一致，通过法令确定外观设计申请的详细形式要件。

◆ 对欧盟法律的遵守

第 69 条

（1）本法符合欧洲议会和欧盟理事会于 1998 年 10 月 13 日作出的关于外观设计法律保护的指令 98/71/EC。

（2）本法规定了实施 2001 年 12 月 12 日理事会关于共同体外观设计第（EC）6/2002 号条例所要求的规则。

· 2014年8月19日第613号法律 ·

罗马尼亚专利法[1]

(根据第64/1991号专利法[2]重新公布)

郑　重[*]　黄安娜[**]　译

第一章　一般规定

第1条

(1) 发明的权利,应当由国家发明与商标局依据法律规定的条件通过授予专利在罗马尼亚境内予以认可和保护。

(2) 根据法律规定,产生于欧洲专利的权利也应当获得承认和保护。

---

[1] 本法根据公布于2014年6月26日第471号罗马尼亚官方公报第一部分的第83/2014号《职务发明法》第18条的规定重新公布,并重新编号。

本法根据世界知识产权组织(WIPO)英文版本翻译,同时参照了日本特许厅(JPO)英文版本。——译者注

[2] 第64/1991号《专利法》于2007年8月8日由第541号罗马尼亚官方公报第一部分重新公布,在2007年9月18日第638号罗马尼亚官方公报第一部分中予以修订,后续被以下法律所修订:

——第76/2012号《关于适用第134/2010号〈民事诉讼程序法〉的法律》以及该法的后续修正案,该法律公布于2012年5月30日第365号罗马尼亚官方公报第一部分;

——第187/2012号《关于适用第286/2009号〈刑法〉的法律》以及该法的后续修正案,该法律公布于2012年11月12日第757号罗马尼亚官方公报第一部分,修正案公布于2013年3月1日第117号罗马尼亚官方公告第一部分。

[*] 译者简介:西南政法大学知识产权学院副教授,硕士生导师,日本九州大学法学博士。

[**] 译者简介:西南政法大学知识产权法学硕士研究生。

第 2 条

在本法中，下列术语和短语应当具有下列含义：

（a）欧洲专利：根据《欧洲专利公约》授予的专利；

（b）国际申请：为保护发明而根据《专利合作条约》提出的申请；

（c）工业产权律师：在工业产权领域（发明、商标、外观设计等）专门提供协助，并且合法从事上述活动的个人；

（d）《欧洲专利公约》：1973 年 10 月 5 日于慕尼黑缔结的《关于授予欧洲专利的公约》，该公约经 1991 年 12 月 17 日通过的《关于修订〈欧洲专利公约〉第 63 条的法案》，欧洲专利局行政委员会于 1978 年 12 月 21 日、1994 年 12 月 13 日、1995 年 10 月 20 日、1996 年 12 月 5 日和 1998 年 12 月 10 日通过的决定，以及 2000 年 11 月 20 日于慕尼黑通过的修订法案修订；

（e）《巴黎公约》：经修订和变更的 1883 年 3 月 20 日《保护工业产权巴黎公约》；

（f）说明书：发明的书面表达；

（g）发明人：创造发明的人；

（h）专业代理人：亦可在国家发明与商标局的程序中从事代理活动的工业产权律师；

（i）OSIM：国家发明与商标局；

（j）原始权利人：提交专利申请前有权获得专利权的自然人或者法人；

（k）公布：以公众可接收的方式传播信息；

（l）申请人：申请授予专利权的自然人或者法人；

（m）权利继受人：专利授予权或者产生于专利的权利发生转移时，承继权利的任何自然人或者法人；

（n）权利要求书：专利申请文件的组成部分，包括请求保护的客体以及能够确定保护范围的内容；

（o）专利权人：拥有专利所授予权利的自然人或者法人；

（p）雇主：合法经营的法人；

（q）发明实施人：合法应用发明的自然人或者法人。

发明实施人可以是专利权人本人。

第 3 条

专利权应当归属于发明人或者其权利继受人。

第 4 条

（1）发明由多个发明人共同创造的，各发明人都应当具有共同发明人的地位，并且权利应当共同归属于所有发明人。

（2）两个或者两个以上的人独立创造相同发明的，专利权应当归属于提出载有最早申请日的专利申请的人。

第 5 条

根据罗马尼亚为其缔约国的国际条约和公约，在罗马尼亚境外有住所或者注册办事处的外国自然人或者法人受本法保护。

第二章 可授予专利权的发明

第 6 条

（1）专利应当授予在全部技术领域中以产品或者方法为客体的任何发明，只要该发明具有新颖性、创造性，并且适于产业应用。

（2）下列情形中，生物技术领域的发明可被授予专利权：

（a）从自然环境中分离出来或者由任何技术方法制造出来的生物材料，即使它此前存在于自然界中；

（b）植物或者动物，如果该项发明的技术可行性并不局限于特定的植物品种或者动物品种；

（c）一种微生物学方法或者其他技术方法，或者通过上述方法获得的除植物品种或者动物品种之外的产品；

（d）从人体中分离出来或者由技术方法制造出来的元素，包括一个基因的序列或者部分序列，即使该元素的构造与自然元素的构造相同。

第 7 条

（1）现特别指明下列对象不得视为第 6 条所指的发明：

（a）发现、科学理论和数学方法；

（b）美学创造；

（c）执行智力活动、开展游戏或者商业活动的计划、规则和方法，以及计算机程序；

（d）资料的呈示。

（2）本条第（1）款规定应排除其提及的客体或者活动的可专利性，但只限于专利申请或专利与该客体或活动相关。

第8条

（1）根据本法，不应授予下列对象专利权：

（a）其实施将违背公共秩序与道德的发明，包括对人类、动物或者植物的健康或者生命有害的发明，以及可能严重危害环境的发明，但该可专利性的例外不应当仅仅取决于实施行为被法律规定所禁止；

（b）植物品种和动物品种，以及本质上以生产植物或者动物为目的的生物方法。本规定不适用于微生物方法或者因此而获得的产品；

（c）在其形成和发展的各个阶段以人体为客体的发明，以及仅仅是发现其中一个元素的发明，包括一个基因的序列或者部分序列；

（d）通过外科手术或者非手术治疗人体或者动物体的方法，以及用于人体或者动物体的诊断方法。

（2）本条第（1）（d）款的规定不适用于产品，尤其是用于任何此类方法的物质或者成分。

第9条

（1）一项发明如果不构成现有技术的一部分，则视为具有新颖性。

（2）现有技术包括在专利申请日以前，以书面或者口头说明、使用或者其他任何方式，为公众所知的全部知识。

（3）现有技术还包括向国家发明与商标局提出的专利申请和已经进入罗马尼亚国家阶段的国际申请，或者在提出申请时指定罗马尼亚的欧洲专利申请，但依据本法规定其申请日应早于本条第（2）款规定的日期，并且在该日期或者其之后公布。

（4）将属于现有技术的物质或者材料用于本法第8（1）（d）条所规定的方法中的，本条第（2）和（3）款的规定不得排除该物质或者材料的可专利性，但该物质或者材料在此类方法中的使用不得构成现有技术。

（5）为了其他特定用途，以本法第8（1）（d）条所规定的任何方法使用本条第（4）款所规定的物质或者材料的，本条第（2）和（3）款的规定不得排除该物质或者材料的可专利性，但该物质或者材料在此类方法中的使用不得构成现有技术。

第 10 条

（1）适用本法第 9 条时，在提出专利申请前六个月内，由于下列原因产生或因下列原因导致发明的信息被披露的，该申请不丧失新颖性：

（a）就申请人或者其合法的原始权利人而言，对该项发明的明显滥用；

（b）申请人或者其合法的原始权利人在官方或者由官方承认的，属于 1928 年 11 月 22 日在巴黎签署的《国际展览公约》及其修订文本所规定之列的国际展览会上展出其发明。

（2）只有申请人在提出专利申请时声明其发明已经实际展出，并且在本法实施条例❶所规定的期限内和条件下提交一份支持其声明的文件，方可适用本条第（1）（b）款的规定。

第 11 条

（1）一项发明如果与现有技术相比，对于一个熟悉该技术领域的人来说是非显而易见的，则视为具有创造性。

（2）本法第 9（3）条所指的专利申请，即使属于现有技术，在判断是否具有创造性时也不予以考虑。

第 12 条

（1）一项发明如果能够在包括农业在内的任何一个产业被制造或者使用，则被视为适于产业应用。

（2）基因的序列或者部分序列的产业应用必须在专利申请中披露。

第三章 专利申请的登记、公布和审查，专利权的授予

第 13 条

（1）在罗马尼亚提出的专利申请必须包括：

（a）授予专利权的请求书；

（b）申请人的身份信息；

（c）发明的说明书；

（d）一项或者多项权利要求；

---

❶ 《第 64/1991 号〈专利法〉实施条例》由第 547/2008 号政府决定批准通过，并公布于 2008 年 6 月 18 日第 456 号罗马尼亚官方公报第一部分。

(e) 说明书或者权利要求中提及的附图。

(2) 申请人不是发明人的，专利申请还应当包含足以确定发明人的详细资料，并且附有一份指明专利授予权来源的文件。

(3) 本条第（2）款所指的文件应当在对专利申请作出决定之前提交。

(4) 专利申请应当由有权获得专利权授予的人提出，既可以亲自提出，也可以依据本法实施条例❶所规定的任何方式提出。

(5) 在国家发明与商标局的所有程序中，申请人应当被视为有权获得专利权授予的人。

(6) 专利申请应当向国家发明与商标局提出，申请人可以选择以书面形式，或者以国家发明与商标局允许和本法实施条例规定的其他任何形式和方式递交。

(7) 专利申请应当附有一份摘要，该摘要不得迟于专利申请公布日前两个月提交。

(8) 摘要只能作为技术信息而使用；不得用于其他目的，尤其不能用于解释专利保护范围，也不能用于适用本法第9（3）条的规定。

第 14 条

(1) 专利申请日是向国家发明与商标局提交下列内容的日期：

(a) 明示或者默示表示请求授予专利权；

(b) 足以确定申请人或者能够使国家发明与商标局联系到申请人的信息说明；

(c) 表面上看关于该发明的说明书。

(2) 说明书部分缺失的，为了确定申请日，上述部分可以补交，申请日是提交上述部分并且支付该部分登记费用的日期。

(3) 本条第（1）（c）款规定的说明书缺失部分已经补交但又撤回的，申请日应当是达到本条第（1）款规定要求之日。

(4) 本条第（2）款补交的条件以及撤回补交的缺失部分的条件，由本法实施条例规定。

(5) 从表面上看，专利申请中缺少说明书这部分内容的，为了确定申请日，在遵守本法实施条例规定的前提下，可以在专利申请中以罗马尼亚文援

---

❶ 《第64/1991号〈专利法〉实施条例》由第547/2008号政府决定批准通过，并公布于2008年6月18日第456号罗马尼亚官方公报第一部分。

引此前向任何政府机关提交的在先申请,以代替说明书。

否则,该申请不视为专利申请。

(6) 专利申请应当在国家专利申请登记簿上进行登记。

根据法律的特别规定,登记簿上的信息在工业产权官方公报上公布前不得对公众公开。

(7) 在已经支付法定费用的前提下,权利要求书和有关发明的附图可以在专利申请之日起两个月内提交。

(8) 国际专利申请或者欧洲专利申请的申请日应当是由罗马尼亚参与缔结的国际条约和公约的日期来确定,并且该日期应当记载在国家专利申请登记簿上。

第15条

(1) 自然人或者法人可以基于正当理由提交外文的说明书、权利要求书和附图,只要自专利申请登记之日或者自进入国家阶段之日起两个月内向国家发明与商标局提交上述文件经过认证的罗马尼亚文译本,并且已经支付法定费用。

(2) 下列情形视为符合本法有关申请的形式和内容要求:

(a) 国际申请符合《专利合作条约》有关形式和内容要求的规定,该条约于1970年6月19日在华盛顿外交会议上缔结,1979年3月2日经国务委员会第81号法令及其后续修订本文所批准;

(b) 国际申请的处理或者审查开始后,符合《专利合作条约》、国家发明与商标局或者欧洲专利局(当其代行国家发明与商标局有关职权时)规定的有关形式和内容的要求。

(3) 本法实施条例所规定的有关申请形式和内容的其他任何要求也应当予以遵守。

(4) 只要满足本法第13(1)条或者第15(1)条的规定,专利申请的提出应当产生正规的国家申请的效力。

(5) 正规的国家申请指无论申请的结果如何,只要足以确定申请日的任何申请。

第16条

向国家发明与商标局提出符合本法第13(1)条和第15(1)条规定的专

利申请的任何个人或者其权利继受人，自申请日起，就同一发明的任何在后申请享有优先权。

第 17 条

（1）发明应当在专利申请中以充分清楚和完整的方式披露，以便能够被一个熟悉该技术领域的人所实施。

（2）发明涉及一种并不为公众所知晓的生物材料或者对生物材料的使用，而该生物材料或者对生物材料的使用无法以一种能够使发明被一个熟悉该技术领域的人所实施的方式在专利申请中进行描述的，只有申请人在专利申请日以前出具一份文件以证明该生物材料已经保藏于国际存托机构，才能视为已满足本条第（1）款所规定的要求。

（3）权利要求书应当明确所请求保护的事项，该等事项应当清晰简洁并为发明的说明书所支持。

第 18 条

（1）一件专利申请应当仅仅涉及一项发明，或者涉及可以相互联系以形成一个单独发明概念的一组发明。

（2）不满足本条第（1）款规定条件的专利申请，申请人可以主动或者按照国家发明与商标局的要求进行分案，直至作出有关上述专利申请的决定为止。

（3）分案申请只能请求保护不超出原申请所披露内容的部分。

符合该要求的分案申请应当视为在原申请之申请日提交，并且每一个分案申请都应当享有由此产生的优先权。

第 19 条

（1）已经在《保护工业产权巴黎公约》的任一缔约国或者世界贸易组织的任一成员按时提出专利、实用新型或者实用证书申请的任何人或者其权利继受人，就同一发明在罗马尼亚提交在后专利申请的，在自在先申请提出之日起的十二个月期间内享有优先权。

（2）根据《保护工业产权巴黎公约》任一缔约国或者世界贸易组织任一成员国的国内法规定向该国提出的任何申请都等同于正规的国家申请，享有优先权。

(3) 以罗马尼亚为指定国并且已经确定申请日的欧洲专利申请，在罗马尼亚等同于正规的国家申请。在适当的情况下，可以考虑该欧洲专利申请所要求的优先权。

(4) 专利申请的申请人可以享有同一发明的在先申请优先权，只要根据本法实施条例的规定，在提出专利申请时一并提出要求在先申请优先权的声明，并且提交优先权的证明文件。

(5) 当符合本条第（1）款的规定时，同一件专利申请可以主张多项优先权，但只适用于专利申请中包含所主张优先权的部分；在适当的情况下，就同一权利要求也可以主张多项优先权。

(6) 只有作为一个整体在专利申请中被明确披露的部分，其优先权才能被认可。

(7) 主张或者可能已主张在先申请优先权的申请，其申请日在优先权期限届满以后但未超过该期限届满后的两个月，在支付规定费用的前提下，该优先权也可以被认可，条件是：

(a) 根据本法实施条例的规定提出一份明确的要求认可优先权的请求；
(b) 在规定的期限内提出该请求；
(c) 该请求说明没有遵守优先权期限的原因；
(d) 国家发明与商标局认为虽然在后专利申请没有在优先权期限内提出，但是尽到了相关的注意或者未遵守期限限制并非故意。

(8) 申请人所要求的优先权属于另一个人的，转让人应当向国家发明与商标局提交一份授权书以证明申请人有权要求在先申请优先权。

(9) 该授权书应当自主张优先权之日起最多三个月内提交。

第 20 条

(1) 在先申请的申请人或者其权利继受人在自国家发明与商标局确定的专利申请日起的十二个月期限内提出一件在后专利申请的，可以就同一发明在在后申请中要求享有国内优先权。

在后申请要求国内优先权的，作为优先权基础的在先申请，如果对其尚未作出决定，则应当被视为撤回。

(2) 申请人要求国内优先权的，可以在提交在后申请之日提出或者自在后申请之日起两个月内提出。

(3) 下列情形中，在在后申请中要求在先申请的国内优先权的，不予认可：

（a）根据本法第 16 条的规定，至少有一件专利申请享有优先权；

（b）对在先申请要求享有国内优先权，该优先权日早于自在后申请日起的十二个月期限；

（c）没有在本法实施条例规定的期限内提交国内优先权文件。

第 21 条

（1）申请人在提出专利申请之日没有要求优先权的，依照本法实施条例的规定并且在缴纳规定费用的情况下，可以在申请日起两个月内提出优先权的要求。

（2）优先权文件应当在自最早的优先权日起的十六个月期限内，或者在自国家阶段开始之日起的四个月期限内提交。

（3）国家发明与商标局认为作为优先权要求基础的在先专利申请的译本有必要进入审查程序的，应当根据本法实施条例的规定，要求申请人提交一份在先申请的经过认证的罗马尼亚文译本。

（4）因不符合本条第（2）款或者本法第 19 条规定而不予认可的优先权要求，国家发明与商标局应当在自申请日或者进入国家阶段之日起六个月内作出决定。

第 22 条

（1）按照国内程序提交并且已经成为正规的国家申请的专利申请，应当在自申请日起的十八个月期间届满后立即公布，优先权已被认可的，应当在自优先权日起的十八个月期间届满后立即公布，但本法第 38（2）条规定的情形除外。

（2）根据《专利合作条约》提交的专利申请应当在自进入国家阶段之日起的六个月期间届满后立即公布。

（3）经自然人权利人或者法人权利人的要求，根据本法实施条例的规定，专利申请可以早于本条第（1）和（2）款规定的期限公布。

（4）在本条第（1）款规定的期限届满之前已经作出授予专利权的决定的，专利申请应当与记载该决定的公告一同公布。

（5）本法第 38（2）条规定的专利申请，应当自其信息的保密状态被解除之日起三个月内公布。

（6）在十八个月期间届满之前已经作出驳回决定或者专利申请被撤回或者被视为撤回的，该专利申请不予公布。

（7）专利申请的公布应当记载在工业产权官方公报上，并且根据本法实施条例的规定生效。

第 23 条

（1）依据申请人的要求，国家发明与商标局应当出具一份检索报告，该报告在适当的情况下可以附关于可专利性的书面意见，且国家发明与商标局应当根据本法实施条例的规定公布该检索报告。

（2）检索报告没有与专利申请同时公布的，应当随后公布。

第 24 条

（1）对专利申请进行审查的请求，既可以在该专利申请的申请日或者国家阶段开始之日提出，也可以自申请日或者开始之日起三十个月内提出。

（2）包含国家秘密信息的专利申请，审查请求可以在该专利申请的申请日提出，或者在自保密状态被解除之日起三个月内提出，但不得迟于本法第 30 条规定的专利权保护期届满前的三十个月提出。

第 25 条

国家发明与商标局应当审查：

A. 专利申请是否满足：

（a）本法第 5 条的规定；

（b）本法第 13 至 15 条规定的申请相关要求；

（c）本法第 19 条、第 20 条和第 21 条规定的享有优先权的要求；

（d）本法第 18（1）条规定的发明单一性要求。

B. 发明，即申请的对象是否：

（a）依照本法第 17 条规定进行披露；

（b）没有被本法第 7（1）条排除可专利性，或者不属于本法第 8 条规定的情形；

（c）满足本法第 6 条和第 9 至 12 条规定的可专利性条件。

第 26 条

（1）在正规的国家申请生效之后，或者为了满足授予专利权的条件，国家发明与商标局有权要求申请人提供与申请人或者发明人身份有关的必要解释和文件。

（2）在所有与专利申请或者专利有关的程序中，国家发明与商标局可以向申请人、专利权人或者利害关系人发出通知，申请人、专利权人或者利害关系人也可以在本法实施条例规定的期限内联系国家发明与商标局，经请求并在缴纳规定费用的前提下，国家发明与商标局可以延长该期限。

（3）未通知不得免除申请人、专利权人或者利害关系人遵守本法之义务。

（4）申请人应当向国家发明与商标局提交所有与其发明有关的公开文件，包括其他国家授予专利权的副本。

（5）在决定作出之前，申请人或者其权利继受人可以依据国家发明与商标局的要求或者自行修改专利申请，只要发明的披露没有超出申请日之时专利申请的内容。

第 27 条

（1）在专利申请审查报告的基础上，国家发明与商标局应当通过专业审查委员会决定授予专利权或者决定驳回专利申请。

（2）下列情形下，国家发明与商标局应当决定驳回专利申请：

（a）专利申请不符合本法第 5 条、第 15（1）条、第 15（4）条以及第 37（2）条规定要求的；

（b）申请所涉及的发明根据本法第 7 条的规定不能取得专利权的，或者属于本法第 8 条规定情形的，或者不符合本法第 6 条、第 9 条、第 11 条和第 12 条规定的可专利性条件的；

（c）申请所涉及的发明不符合本法第 17 条要求的；

（d）国际注册申请的国家阶段开放期限已经届满的；

（e）在本条第（4）（b）款中，自申请被视为撤回之日起十二个月的期限已经届满的；

（f）根据本法第 63（2）（c）条的规定请求驳回专利申请的；

（g）在本法第 28（2）条规定的期限内，申请人（而非发明人）未证明其有权获得专利权授予的；

（h）在本法第 24 条规定的期限内没有请求对专利申请进行审查以授予专利权的。

（3）国家发明与商标局应当记录专利申请的撤回，前提是申请人以书面形式明确要求撤回。

(4) 下列情形下,专利申请应当被视为撤回:

(a) 自请求实质审查之日起十八个月内没有表明发明人身份的;

(b) 在规定的期限内,对于国家发明与商标局要求其说明书和附图的形式应与权利要求书的内容相一致的通知,申请人未作回复的;

(c) 作为在后申请优先权基础的在先申请,无论是通过国内程序或者国际程序提交,该申请已经进入罗马尼亚国家阶段的;

(d) 属于本法第63(2)(b)条规定情形的专利申请的;

(e) 申请人在本法第14(7)条规定的期限内没有提交权利要求书的;

(f) 法定费用,即申请费、权利要求书的补交费、国家阶段开放费、公布费或者审查费中任意一项,没有在本法和本法实施条例规定的期限内足额缴纳的;

(g) 授予专利权的决定已经作出,但公布费、印刷费和专利颁发费没有在法律规定的期限内缴纳的。

(5) 国家发明与商标局作出的关于专利申请的所有决定都应当有根据,应当在国家专利申请登记簿上进行登记,并自决定作出之日起一个月内通知申请人。

同一登记簿上应当记载有关撤回专利申请的情况或者专利申请被视为撤回的声明,并通知申请人。

(6) 授予专利权或者驳回专利申请的决定,应当自法定的申诉期限届满之日起一个月内,根据本法实施条例规定的条件,在工业产权官方公报上公布。

(7) 国家发明与商标局应当公布授予专利权的决定,并同时将专利说明书和附图公之于众,前提是公布费、印刷费和专利颁发费已经缴纳。

(8) 公布费、印刷费和专利颁发费没有在法律规定的期限内缴纳的,专利申请应当被视为撤回,且该专利权不视为已经授予。

(9) 授予专利权的决定自其在工业产权官方公报上公布之日起生效。

(10) 对包含秘密信息的发明作出的授予专利权的决定,在该保密状态被解除之后,应当适用本条第(7)和(9)款以及本法第22(4)条的规定。

(11) 自然人申请人死亡或者法人申请人解散的,应当中断审查程序,直到权利继受人根据本法实施条例规定的条件通知国家发明与商标局。

（12）与专利权或者专利授予权有关的司法程序已经启动的，应当暂停专利申请程序，直到法院作出终局判决。

（13）利害关系人应当将本条第（12）款规定的判决结果通知国家发明与商标局。

第 28 条

（1）在发出通知之前，因不符合本法规定的条件，国家发明与商标局可依职权撤销其决定。

（2）国家发明与商标局基于确凿证据认定申请人（而非发明人）无权获得专利权授予的，可以延期通知其所作出的决定，但不超过自该日起的六个月期间；在该期间内，申请人不能证明其有权获得该专利权授予的，应当根据本条第（1）款的规定撤销授予专利权的决定，并驳回专利申请。

第 29 条

（1）专利权应当由国家发明与商标局的总干事根据授予专利权的决定颁发。对于欧洲专利，国家发明与商标局应当根据本法规定确保该专利权在罗马尼亚的有效性。

（2）专利权的授予日期为该授权在工业产权官方公报上公布之日。

（3）专利权应当记载在国家专利登记簿上。

（4）当满足本法规定的条件时，欧洲专利权应当记载在国家专利登记簿上。

第 30 条

（1）专利权保护期应为自申请之日起二十年。

（2）对于欧洲专利，根据《欧洲专利公约》的规定，本条第（1）款规定的保护期应当自该专利申请的正规的国家申请生效之日起算。

（3）根据 1992 年 6 月 18 日《关于创建医药产品的补充保护证书》的第 1768/92 号理事会条例和 1996 年 7 月 23 日欧洲议会及理事会《关于创建植物保护产品的补充保护证书》的第 1610/96 号条例的规定，对于获得专利权的医药产品或者植物保护产品，可以授予补充保护证书。

第四章 权利与义务

第 31 条

（1）专利权授予权利人在整个保护期内享有独占实施权。

（2）未经权利人同意，任何人不得实施下列行为：

（a）专利权的客体为产品的，制造、使用、许诺销售、销售该产品或者以使用、许诺销售或者销售为目的而进口该产品；

（b）专利权的客体为方法的，使用该方法或者使用、许诺销售、销售或者为了上述目的而进口依照该方法直接获得的产品。

（3）专利或者专利申请所授予的保护范围应当由权利要求书的内容确定。同时，发明的说明书和附图可以用于解释权利要求书。

（4）授予专利权之前的期间内，专利申请的保护范围应当由本法第 22 条规定公布的权利要求书确定。

（5）专利权被授予或者在撤销或者部分宣告无效的过程中被修改的，只要保护范围并未因此而扩张，应当根据专利申请追溯既往地确定保护范围。

（6）在确定专利所授予的保护范围时，应适当考虑与权利要求书中描述的要素等同的任何要素。

专利权的客体为方法的，专利所授予的保护范围延伸至依照该专利方法直接获得的产品。

（7）与具有特定特征的生物材料有关的专利所授予的保护范围，应当延伸至通过该专利材料的生殖或者繁殖而获得的，以同种或者异种形式存在并具有相同特征的任何材料。

（8）使生物材料的生产具有特定特征的方法专利所授予的保护范围，应当延伸至通过该方法直接获得的生物材料，或者通过该方法直接获得的生物材料所产生的任何其他生物材料，或者通过生殖或者繁殖直接获得的生物材料中产生的任何其他材料，这些材料以同种或者异种形式存在并具有相同特征。

（9）包含基因信息或者由基因信息组成的产品专利所授予的保护范围，应当延伸至将产品及其所含有的基因信息吸收于其中并发挥其功能的任何其他材料，但专利形成或者发展的各个阶段中涉及的人体基因除外。

（10）本条第（7）至（9）款所指的保护不能延伸至对专利权人或者经

其同意在罗马尼亚境内销售或者许诺销售的生物材料进行生殖或者繁殖而获得的生物材料，只要该生殖或者繁殖是对投放市场的生物材料进行利用的必然结果，并且获得的材料没有被用于其他生殖或者繁殖。

第 32 条

自专利申请按照本法第 22（1）至（3）条的规定公布之日起，申请人依据本法第 31 条规定获得临时性保护。

第 33 条

（1）下列行为不构成对本法第 31 条和第 32 条规定权利的侵犯：

（a）有关发明的国际条约或者公约（罗马尼亚是缔约国之一）的缔约国所属的陆上交通工具、航空器或者船舶，暂时地或者偶然地进入罗马尼亚境内，仅为了陆上交通工具、航空器或者船舶自身需要，而使用与陆上交通工具、航空器、船舶的建造和使用以及用于上述操作的装置有关的发明；

（b）在正规的国家申请生效之前，或者在被认可的优先权期间开始之前，除专利权人以外的人已经对该专利权客体或者公布的专利申请的客体实施了本法第 31（2）条所指的行为，或者在罗马尼亚境内出于善意已经采取切实有效的步骤以生产或者实施上述客体；在此种情形下，在正规的国家申请日或者被认可的优先权日的原有范围内，该专利权人以外的人可以继续实施该发明，但使用权不能脱离于该主体用于实施发明的全部或者部分资产而单独转移；

（c）为了私人或者非商业目的而实施本法第 31（2）条所指的行为；为了私人或者非商业目的而生产或者使用发明；

（d）构成发明客体的产品由专利权人或者经其明确同意而合法售出后，在欧盟境内销售或者许诺销售该产品的样品；

（e）仅为非商业的实验目的而使用已经获得专利权的客体；

（f）从专利权人丧失权利到恢复专利权的期间内，第三人出于善意而实施或者已采取切实有效的步骤实施该发明。

在此种情形下，自恢复专利权的公布之日起，在原有范围内，第三人可以继续实施该发明，但对发明的使用权不能脱离于该主体用于实施发明的全部或者部分资产而单独转移；

（g）第三人实施已经声明放弃（专利权）的发明或者该发明的一部分。

（2）出于善意而实施发明或者已经采取切实有效的措施实施发明的人，在没有侵犯专利申请或者欧洲专利的原译本所授予权利的限度内，可以在被认可的译本生效之后，在其企业内部或者出于必要，在不超过原译本生效之日的原有范围内继续实施该发明，且无需支付费用。

第 34 条

（1）发明人享有在被授予的专利权证书中、在其工作履历中以及在其他有关发明的文件或者出版物中表明其全名和身份的权利。[1]

（2）专利权人与发明人并非同一个人的，应当向后者颁发一份专利权副本。

（3）经发明人明确要求，不得公布发明人的全名；但不公布的要求以支付规定费用为前提。

第 35 条

发生本法第 40（3）条规定的权利丧失的情形的，专利权人可以基于正当理由，自公布该权利丧失之日起六个月内，向国家发明与商标局申请恢复专利权。

在已支付规定费用的前提下，国家发明与商标局应当自登记之日起六十日内对恢复专利权请求作出决定。

专利权的恢复应当自作出终局决定之日三十日内在工业产权官方公报上公布。

第 36 条

（1）专利权人可以向国家发明与商标局提交书面声明，放弃全部或者部分专利权。

（2）对于职务发明，专利权人如果有意图放弃专利权，应当通知发明人；经发明人请求，专利权人应当将专利权以及与专利权有关的任何档案资料转移给发明人，条件是雇员授予雇主对该专利发明的非独占许可使用权。

非独占许可使用的授予条件应当依据雇主内部的具体规定确定。

没有具体规定的，该许可使用的授予条件应当经双方协商一致确定。

---

[1] 参见第 53/2003 号劳动法典第 279 条的规定，及其后续的修订文本。

（3）专利权属于许可协议标的的，放弃专利权需经被许可人同意。

（4）已声明放弃保护的发明或者部分发明，第三人可以自由实施。

（5）对于包含按照本法第38（2）条规定列为秘密信息的发明，只有在该保密状态被解除、授予专利权的决定和该专利发明的说明书、权利要求书及附图按照本法第27（6）条的规定被公布之后，专利权人才可以声明放弃该专利权。

（6）放弃专利权应当由国家发明与商标局记载在国家专利登记簿上，并且自在工业产权官方公报上公布之日起生效。

第 37 条

（1）基于在本法实施条例规定的期限内和条件下向国家发明与商标局提交的代理委托书，申请人、转让人、专利权人或者其他任何利害关系人可以由代理人代理其参加国家发明与商标局的程序。

（2）本条第（1）款中提到的主体，在罗马尼亚境内没有住所或者注册办事处的，必须由代理人进行代理，但是作为例外，上述主体可以以自己的名义进行下列行为：

（a）为确定申请日期而提出专利申请；

（b）支付费用；

（c）提交在先申请的副本；

（d）向国家发明与商标局发出与本款（a）、（b）和（c）项的任何程序有关的通知。

（3）维持费可以由任何人缴纳。

（4）在撤销代理委托书的情况下，代理人的署名不再具有同指定该代理人的申请人、权利人或者利害关系人的署名同等的效力。

第 38 条

（1）已经提交给国家发明与商标局的专利申请，在其公布之前，未经申请人的同意不得披露其发明，并且该发明在被公布之前，应当具有特别法所规定的特征。

（2）在罗马尼亚境内创造并成为专利申请对象的一项发明中如包含国防和国家安全领域的信息，主管机关可以将该信息列为国家秘密；在此种情况下，主管机关应当通知申请人已经将该信息列为秘密信息，并且申请人可以基于合同获得主管机关根据本法实施条例规定的条件所给予的补偿。

（3）被列为国家秘密的信息的保密状态，可以由将其列为秘密信息的主管机关自由裁量予以解除。

第 39 条

（1）在罗马尼亚境内由罗马尼亚自然人完成的发明，在向国家发明与商标局提出专利申请以前，不得在国外申请专利。

（2）对于包含国家秘密信息的发明，只有在根据本法第 38（3）条的规定解除其保密状态后，才能在国外申请专利。

（3）就本条第（1）款所指的发明在国外申请专利的，罗马尼亚申请人或者专利权人可以依据法律规定获得经费支持。

（4）就本条第（1）款所指的发明在国外申请专利的，完成该发明的罗马尼亚自然人或者其权利继受人应当通知国家发明与商标局。

（5）对于为在其他国家申请发明专利的国际申请的登记，根据《专利合作条约》的规定，国家发明与商标局应当作为受理局。

第 40 条

（1）由国家发明与商标局实施的关于本法及其实施条例所指的专利申请和专利权的程序，应当以按照法律规定的期限足额缴纳费用为条件。

（2）在专利权有效期内，专利权人应当每年缴纳专利维持费。

（3）不缴纳专利维持费将导致专利权人丧失其专利权。

专利权的丧失应当记载在国家专利登记簿上，并在工业产权官方公报上予以公布。

根据本法实施条例规定的条件，亦可预先缴纳不超过四年期间的专利维持费。

（4）外国自然人或者法人缴纳费用的，应当以可兑换货币缴纳至国家发明与商标局的账户。

（5）仅涉及更正错误或者遗漏的申诉，无须缴纳费用。

第 41 条

（1）申请人或者专利权人，基于正当理由，未能遵守国家发明与商标局程序的期限限制，在阻止其行动的事由消除之日起两个月内，且不得迟于未遵守期限届满之日起一年内提交一份有证据证明的请求的，其权利应当被恢复。

（2）本条第（1）款的规定不适用于下列情形下发生的不遵守期限限制的行为：

（a）依照本法第19（5）条或者第19（6）条以及第21（1）条的规定，要求优先权的；

（b）依照本法第15（1）条的规定，提交说明书、权利要求书或者附图的译本的；

（c）依照本法第40（1）条的规定，缴纳申请费和文件检索报告费的；

（d）依照本法第49条的规定，提出撤销申请的；

（e）依照本法第18（2）条的规定，对专利申请进行分案的期限届满的；

（f）依照本法第63（2）（b）条的规定，提出一项新的专利申请的期限届满的；

（g）缴纳专利维持费的。

（3）本条第（1）款的规定也不适用于本法第27（2）（e）和（f）条、第27（4）（d）和（e）条以及第48条规定的情形。

（4）权利恢复的请求应当以缴纳法律规定的申诉费用为前提，但本法第27（4）（b）条规定的无须缴纳费用的情形除外。

第五章　权利转移

第42条

（1）专利权、专利授予权以及产生于专利的权利可以全部或者部分转移。

（2）转移可以通过转让、授予独占或者非独占许可使用、法定继承或者遗嘱继承来进行。

（3）自权利转移在国家发明与商标局登记并在工业产权官方公报上公布之日起，对第三人产生效力。

第43条

（1）自专利申请日起满四年或者自专利权授予之日起满三年，以在后届满的期间为准，应任何利害关系人的请求，布加勒斯特法院可以授予其强制许可。

（2）本条第（1）款规定只适用于在罗马尼亚境内没有实施或者没有充分实施的发明，并且专利权人无法提供不作为的正当理由，且未签订有关应用该发明的条件和商业方法的协议。

（3）布加勒斯特法院根据给定情形认为，虽然利害关系人已尽最大努力，但仍然未能在合理期间内达成协议的，法院应当授予强制许可。

（4）除了本条第（2）款所规定的情形以外，在下列情况下，布加勒斯特法院也可以授予强制许可：

(a) 在国家紧急情况下；

(b) 在其他非常紧急的情况下；

(c) 在为非商业目的的公共使用的情况下。

（5）基于本条第（4）款规定的原因之一而授予强制许可的，不要求满足本条第（2）款规定的条件。

但是，被许可人应当在最短的时间内通知申请人或者专利权人有关法院作出的授权。

（6）在为非商业目的进行公共使用的情况下，政府或者政府授权的第三方如果知道或者有显而易见的理由应当知道一项有效的专利正在或者将要被政府或者第三方使用的，应当在合理的时间内通知专利权人。

（7）一项专利的实施必然侵犯正规的国家申请日在先的其他专利权的，实施该在后专利的强制许可，只有在下列附加条件被全部满足的情况下才能被授予：

(a) 在后专利的发明与在先专利的发明相比，包含一项具有显著经济意义的重大技术进步；

(b) 在先专利的权利人有权基于合理条件获得一项使用在后专利的发明的交叉许可；

(c) 被授予的对在先专利的使用是不可转移的，除非与在后专利一同转移。

第 44 条

（1）强制许可应当是非独占性的，并且由布加勒斯特法院根据以下特定条件授予：强制许可的范围、期限以及权利人有权获得的、与被授予许可的商业价值相一致的使用费。

（2）强制许可的受益人可以是政府或者政府授权的第三方。

（3）强制许可的授予应当主要用于供应市场。

（4）强制许可的范围和期限应当限于其被授予的目的。对于半导体技术领域的发明，只有为了公共的非商业目的，或者为了矫正经司法或者行政程序确定为限制竞争的行为，才能被授予强制许可。

（5）植物品种专利的权利人不可能在不侵犯一项在先专利的情况下实施其专利的，可以请求授予对该专利发明的强制许可。

（6）有关生物技术发明专利的权利人不可能在不侵犯一项在先植物品种专利的情况下实施其专利的，可以请求授予强制许可，以实施该植物品种专利。

（7）为矫正限制竞争行为而授予的强制许可，不适用本法第43（3）条、第43（4）条以及第44（3）条的规定。

第45条

强制许可不能脱离于从强制许可使用中获益的那部分企业或者货物而单独转移。

第46条

（1）根据利害关系人提出的合理请求，当导致强制许可授予的情形不复存在时，在被许可人的合法利益得到充分保护的前提下，布加勒斯特法院可以撤销该强制许可。

决定授予强制许可的情形可能再次出现的，不应撤销该强制许可。

（2）就布加勒斯特法院关于授予强制许可使用以及关于强制许可使用费的判决，只能向布加勒斯特上诉法院提出上诉。

第47条

法院关于强制许可的授予或者撤销的终局判决，应当由利害关系人通知国家发明与商标局，国家发明与商标局应当将上述判决记载在国家专利申请登记簿或者国家专利登记簿上，并且自通知之日起一个月内在工业产权官方公报上公布上述判决。

第六章 发明专利权的保护

第 48 条

(1) 就审查委员会作出的任何决定,可以自决定通知之日起三个月内向国家发明与商标局提起申诉。

(2) 按照本法实施条例规定的条件,申诉的对象可以是对专利权的限制。

第 49 条

(1) 自公布专利权的授予之日起六个月内,任何利害关系人有权基于下列正当理由,以书面形式向国家发明与商标局申请撤销专利:

(a) 根据本法第 6 至 9 条、第 11 条和第 12 条的规定,该专利权的客体不能被授予专利权;

(b) 该专利权的客体没有以充分清楚和完整的方式披露,无法被熟悉该技术领域的人所实施;

(c) 该专利权的客体超出专利申请提出时的范围。

(2) 撤销理由只涉及专利一部分的,该部分专利应当被撤销。

第 50 条

(1) 国家发明与商标局❶申诉部门的申诉委员会应当自申诉或者撤销申请(视情况而定)在国家发明与商标局登记之日起三个月内处理完毕。

(2) 申诉委员会的性质以及解决申诉和撤销请求的程序由本法实施条例规定。

第 51 条

(1) 国家发明与商标局授予的专利以及在罗马尼亚生效的欧洲专利,在下列情形下,可以根据请求被宣告无效:

(a) 根据本法第 6 至 9 条、第 11 条和第 12 条的规定,该专利权的客体不能被授予专利权;

(b) 该专利权的客体没有以充分清楚和完整的方式披露,无法被熟悉该

---

❶ 参见第 573/1998 号《关于国家发明与商标局的组织和运行的政府决定》及其后续的修订文本,该决定公布于 1998 年 9 月 11 日第 345 号罗马尼亚官方公报第一部分。

技术领域的人所实施；

（c）该专利权的客体超出专利申请提出时的范围；

（d）该专利所授予的保护范围已被扩张；

（e）该专利权人不是有权获得该专利权授予的人。

（2）宣告无效的理由只涉及专利一部分的，该部分专利应当被宣告无效。

（3）专利的宣告无效具有追溯力，溯及至申请日。

第 52 条

（1）在本法第 49 条规定的请求撤销的期限届满后，在专利权的整个保护期内，除了本法第 51（1）（d）和（e）条规定的情形以外，可以请求宣告专利无效，该请求应当由布加勒斯特法院裁决。

就布加勒斯特法院作出的判决，可以自判决通知之日起三十日内向布加勒斯特上诉法院提起上诉。

（2）就布加勒斯特上诉法院作出的判决，可以自判决通知之日起三十日内向高等上诉法院提出上诉。

（3）宣告专利无效的终局判决应当由利害关系人提请国家发明与商标局登记。

（4）宣告专利无效的判决应当自该判决在国家发明与商标局登记之日起六十日内在工业产权官方公报上公布。

第 53 条

（1）因欺诈的意图而未满足有关专利申请的一项或者多项形式要求，只构成全部或者部分撤销专利或者宣告专利无效的理由。

（2）没有给予专利权人就撤销或者宣告无效发表意见，并在合理期间内作出本法及其实施条例所允许的修改或者更正的可能性的，专利权不能被全部或者部分撤销或者宣告无效。

第 54 条

（1）申诉委员会作出的决定应当自公告之日起三十日内通知当事人，自通知之日起三十日内可以向布加勒斯特法院提出上诉。

（2）布加勒斯特法院作出的判决，仅可向布加勒斯特上诉法院提出上诉。

（3）申诉委员会作出的授予专利权的决定的法律条款，以及司法机关作出的终局判决的法律条款，应当记载在国家登记簿上，并且自利害关系人提请国家发明与商标局登记之日起六十日内在工业产权官方公报上公布。

（4）国家发明与商标局应当将依照法院终局判决而作的修改记载在国家登记簿上，并且自利害关系人提请国家发明与商标局登记之日起六十日内将其在工业产权官方公报上公布。

第 55 条

（1）对发明人身份进行任何非法假定的，构成犯罪，应当处以三个月至两年的监禁或者罚金。

（2）当事人和解的，应当免除刑事责任。

第 56 条

（1）违反本法第 31（2）条规定的，构成侵权，应当处以三个月至两年的监禁或者罚金。

（2）当事人和解的，应当免除刑事责任。

（3）专利权人或者被许可人有权根据民法的规定就其遭受的损害获得损害赔偿，并且可以请求管辖法院没收或者销毁侵权产品，具体视情况而定。

对于直接用于实施侵权行为的材料和装置，适用本规定。

（4）专利申请公布之后，第三人侵犯本法第 31（1）条规定权利的，侵权人应当根据民法的规定承担损害赔偿责任，专利权授予之后，请求支付损害赔偿的权利应予以执行。

（5）虽有本法第 31（1）条的规定，但第三人在专利申请公布日期之前，或者申请人发出传票的日期之前（该传票附有一份经核证的专利申请副本）实施本法第 31（2）条所规定的行为的，不应当视为侵犯该专利所授予的权利。

第 57 条

在被传唤后仍然继续实施本法第 31（2）条规定行为的，法院可以根据请求责令停止该行为，直到国家发明与商标局对专利申请作出决定。

上述措施以申请人向法院支付保证金为条件。

第 58 条

（1）侵犯本法第 31（2）（b）条所指的方法专利权人的权利的，被诉侵权人应当承担举证责任，证明用于获得相同产品的方法不同于专利方法。

（2）在本条第（1）款的规定中，未经专利权人同意而制造的任何相同产品，在没有相反证据的情况下，有下列情形之一的，应当视为是通过专利方法而获得的产品：

（a）通过专利方法获得的产品具有新颖性；

（b）相同产品经由该专利方法制造具有实质可能性，并且专利权人通过合理努力仍无法判断该方法被实际使用过。

（3）专利权人提交相反证据的，应当考虑与被诉侵权人的制造以及商业秘密有关的合法利益。

第 59 条

（1）在专利申请公布之前，国家发明与商标局的工作人员或者从事发明相关工作的人员，披露专利申请所含信息的，构成犯罪，应当处以三个月至三年的监禁或者罚金。

（2）国家发明与商标局应当对发明人承担因本条第（1）款规定的犯罪而造成的损害。

第 60 条

（1）有关发明人、专利权人身份或者专利产生的其他权利，包括发明人基于转让或者许可合同的经济权利的诉讼，属于法院的管辖范围。

（2）自终局判决生效之日起三十日内，利害关系人应当将法院判决告知国家发明与商标局，提请记载在国家专利申请登记簿或者国家专利登记簿上，并公布在工业产权官方公报上。

没有在工业产权官方公报上公布的，该判决不能对抗第三人。

第 61 条

（1）专利权人或者罗马尼亚政府在 1945 年 3 月 6 日至 1989 年 12 月 22 日期间授予的专利所保护的工业产权的权利人，及其权利继受人，其专利权遭受未经权利人同意而滥用发明的行为或者其他侵权行为的侵害，或者经权利人同意而行使工业产权的人提供可靠证据证明其受专利权保护的工业产权面临正在发生或者即将发生的非法行为侵害，很有可能将导致不可挽回的损害，可以请求法院采取临时措施。

（2）法院可以责令，尤其是：

（a）禁止或者暂时停止侵权；

（b）采取合理措施保存证据。

应当适用第100/2005号《政府关于工业产权强制执行的紧急条例》及其后续的修订文本，该条例为第280/2005号法律的修正案所批准。

（3）有关知识产权临时措施的程序性规定参见《民事诉讼程序法》。

（4）第三人利用中间人的服务侵犯本法所保护的权利的，也可以对中间人采取临时措施。

第 62 条

（1）根据职权或者专利权人的请求，对于本法第56（1）条规定的货物的进出口，海关可以暂停通关业务，或者将这些货物置于中止通关的状态。

（2）根据第344/2005号法律《关于保障在海关业务中执行知识产权的若干措施》的规定，海关在边境执行专利权的权力，应当属于国家财政部。❶

第 63 条

（1）法院判决已经判定除专利文件中载明的人之外的人有权获得专利权授予的，国家发明与商标局应当将专利权授予给该权利人，并且公布所有权的变动。

（2）在国家发明与商标局授予专利权之前，法院的判决已经判定专利权属于除申请人之外的人的，自法院判决生效之日起的三个月期限内，在本法实施条例规定的条件下，享有专利权的人可以：

（a）代替申请人继续进行与已经提出的专利申请有关的程序，如同自己提出申请一样；

（b）就相同的发明提出新的专利申请。

根据本法第18条的规定，由于新申请并没有扩大原申请的内容，自新申

---

❶ 参见第74/2013号《政府关于改进和重组国家财政部以及修订特定规范性法案若干措施的紧急条例》及其后续的修订文本，该条例公布于2013年6月29日第389号罗马尼亚官方公报第一部分。

请提出之日，国家发明与商标局应当宣布原申请被视为撤回；

（c）请求驳回申请。

第 64 条

（1）经法院要求，国家发明与商标局应当将审判受理案件所需的法案、文件和信息交给法院，法院审理完毕后将其归还国家发明与商标局。

法院只能基于该目的进行传唤。

（2）向法院提起工业产权领域诉讼的，应当免除诉讼费用。

第七章 国家发明与商标局的职责

第 65 条

国家发明与商标局是政府下属的中央公共行政部门中的一个专门机构，❶根据法律以及罗马尼亚参与缔结的国际公约和条约的规定，国家发明与商标局是罗马尼亚境内工业产权保护领域的主管部门。

第 66 条

在发明领域，国家发明与商标局应当承担下列职责：

（a）协调罗马尼亚工业产权政策；

（b）为了授予专利权而对专利申请进行登记、公布和审查；

（c）保存国家专利申请登记簿和国家专利登记簿，记录专利申请和专利的所有详情；

（d）对于罗马尼亚申请人根据《专利合作条约》的规定提出的国际专利申请，国家发明与商标局作为受理局；

（e）通过国际交流，管理、维护和发展发明说明书的国内收集，并建立发明领域的计算机数据库，以提供任何种类的信息支持；

（f）根据请求，提供中介和技术信息服务，该服务以罗马尼亚和外国发明的说明书以及官方的工业产权公告为基础，对于本法第 7（1）条规定的不

---

❶ 参见第 25/2007 号《政府关于重组政府机构若干措施的紧急条例》第 13 条及其后续修订文本的规定，该条例由第 99/2008 号法律修正案批准通过，以及第 47/2013 号《政府关于经济部的组织和运行的决定》及其后续修订文本的规定，该决定公布于 2013 年 2 月 20 日第 102 号罗马尼亚官方公报第一部分，国家发明与商标局由隶属于国家总理，转变为隶属于经济部。

能授予专利权的方法的文件,提供非公开状态的保管服务;

(g)认证和批准工业产权律师,并记录在其保存的国家登记簿上,定期公布上述登记簿的信息;

(h)处理与同类政府组织、政府间组织以及罗马尼亚为成员国之一的专门国际组织的关系;

(i)为该领域内的专家组织培训和专业提升课程;

(j)在工业产权官方公报上编辑和定期公布专利申请和专利相关信息。

第八章 过渡性条款和最后条款

第 67 条

根据第 62/1974 号法律❶向国家发明与商标局提出的专利申请,还没有作出授予专利权或者驳回专利申请决定的,应当适用本法的规定。

第 68 条

(1)在本法生效以前授予专利权并在罗马尼亚境内有效的专利和改进专利,享有本法第 30 条规定的保护期。

(2)在改进专利的整个保护期内,该发明的实施应当符合本法第 43(7)条的规定。

(3)发明人就已经实施的专利发明所享有的经济权利,在本法生效以前已经部分地实现或者未能实现的,发明人和实施该发明的主体应当协商解决。

协商应当从发明人根据专利申请日时适用的法律可能主张的最高补偿金额开始。

当事人之间没有达成协议的,应当根据本法第 60 条的规定确定经济权利。

(4)在本法生效之时,已经通过第 62/1974 号法律❷第 14 条规定的合法

---

❶ 第 62/1974 号《发明与创新法》公布于 1974 年 11 月 2 日第 137 号官方公报,由公布于 1991 年 10 月 21 日第 212 号罗马尼亚官方公报第一部分的第 64/1991 号《专利法》所废除。第 70 条,在 2002 年 12 月 15 日第 752 号罗马尼亚官方公报第一部分重新公布的第 64/1991 号《专利法》将其修改为第 74 条,而后当 28/2007 号法律的第 1 条第 70 项修改第 64/1991 号《专利法》时被废除。

❷ 第 62/1974 号《发明与创新法》公布于 1974 年 11 月 2 日第 137 号官方公报,该法被公布于 1991 年 10 月 21 日第 212 号罗马尼亚官方公报第一部分的第 64/1991 号《专利法》所废除。

转让而成为发明专利权人的企业，没有实施该发明或者没有采取必要措施实施该发明的，专利权应当依据本法的规定转移给发明人。

第 69 条

有效专利属于无形资产，专利权人为法人的，该专利应当登记为专利权人的财产。